Webストリーミング（音声・映像）

教科書音声と各課「見てみよう」コーナーの動画を
下記Webページよりストリーミングで視聴いただけます。

https://text.asahipress.com/free/german/kreuzung-neo/

音声ダウンロード

音声再生アプリ「リスニング・トレーナー」（無料）

朝日出版社開発のアプリ、「リスニング・トレーナー（リストレ）」を使えば、教科書の音声をスマホ、タブレットに簡単にダウンロードできます。

1 まずは「リストレ」アプリをダウンロード

2 アプリ【リスニング・トレーナー】の使い方

① アプリを開き、「コンテンツを追加」をタップ

② QRコードをカメラで読み込む

③ QRコードが読み取れない場合は、画面上部に **25475** を入力し「Done」をタップします

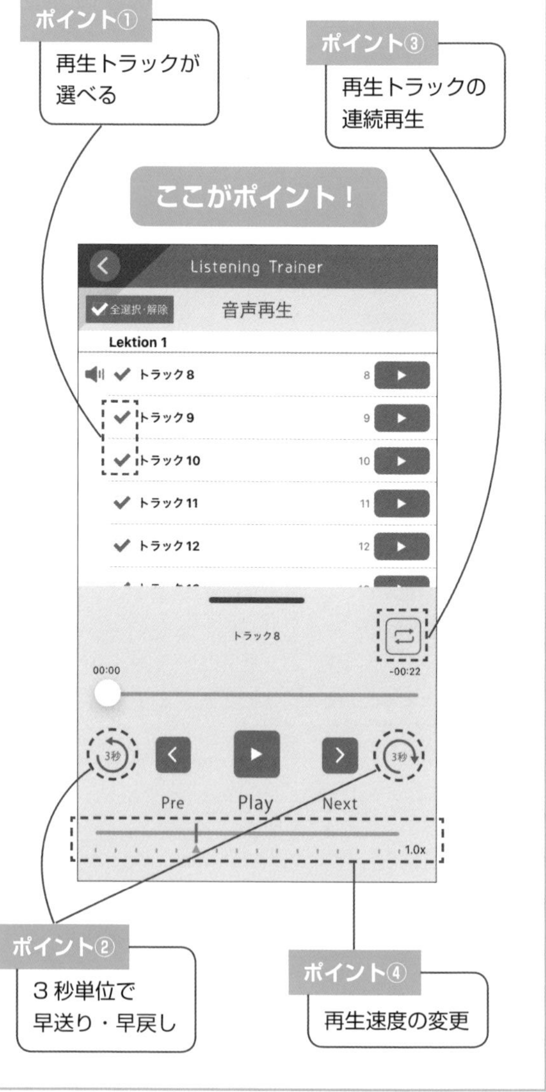

SUMIKO ONO
AKIHIRO NAKAGAWA
GEORGE NISHIMAKI

KREUZUNG NEO

クロイツング・ネオ

ASAHI VERLAG

はじめに

現在ヨーロッパ諸国は、3つの言語（母語＋2言語）の習得を目標とする多言語教育を推進しています。自国の言語と文化を守りながら、他国の言語・文化をも尊重しようとしているのです。ドイツもその例外ではなく、ヨーロッパ統合、グローバル化に連動して、多言語・多文化主義に移行しはじめています。

文化の異なる人たちとの交流や、世界の情報へのアクセスにおいて、もっとも重要な役割を果たすのが言語です。他の言語を少しでも知っていれば、相手の文化や情報を理解するための大きな手助けになります。それは、ひいては、自国語と自文化の理解にもつながることでしょう。外国語学習は、多文化が行き交う交差点 (Kreuzung) へと通じているのです。

ドイツ語は、世界の言語の中でも重要なポジションを占めています。たとえば、

・ドイツ語人口は世界で第12位、約1億1000万人。
・EU(欧州連合)内で母語として使用されている言語のうち、ドイツ語の比率は24%で第1位。
・インターネット上のホームページで、ドイツ語の使用頻度は英語に次いで第2位。
（参照：http://tokyo.daad.de/japanese/jp_learn_german_why.htm#tab2）

本書は、数ある外国語の中から、はじめてドイツ語を学ぼうとしているみなさんが、ドイツ語の基本を無理なく楽しみながら学習できるように工夫したテキストです。多言語・多文化の中のドイツ語という視点から、登場人物の国籍も多彩です。特に本書では、DVDを使った「単語の映像化」を各課で試みました。単語とともに映し出されたさまざまな映像から、同時にドイツの日常と文化を視覚的に学ぶことができます。先生方には、是非DVDもご活用ください。

本書の作成にあたり、ドイツ語を丁寧にチェックして下さったマティアス・クロル先生をはじめ、DVD制作では石井学さんに、そして朝日出版社編集部の藤野昭雄さん、日暮みぎわさんに大変お世話になりました。厚く御礼申し上げます。

ドイツ語を学ぼうとしているのは、あなただけではありません。留学・ビジネス・観光など、その目的はさまざまですが、世界各地で多くの人々が母語以外の言語として今日もドイツ語を学んでいます。さあ、あなたも一緒にドイツ語をはじめましょう！

2009年　春
著者一同

改訂版に寄せて

2009 年に本書の初版が発行されて以来、ご採用下さった先生方や学生の皆さんから多くのご意見・ご要望を頂戴いたしました。このたび、より使いやすいテキストをめざして改訂版をお送りすることとなりました。新たに工夫を加えたのは主に次の点です。

・Üben（練習問題）を全面的に改め、取り組み易い問題にしました。Sprechen（話してみよう）の会話文も、よりシンプルな形に工夫しました。

・各課に Sehen（見てみよう）というページを設け、目からもドイツ語圏の文化に親しんでいただけるよう、多くの写真と情報を掲載しました。

・Lesen（読んでみよう）は巻末に一括配置しました。

・ご採用下さった先生方にお送りする DVD には、ドイツの人々への現地インタビューなど、新たな映像を大量に追加しました。見ているだけでドイツに行きたくなることうけ合いです。

・教授用資料には新しくドリルを追加し、追加練習問題も一新しました。

生まれかわった『クロイツング・ネオ』でドイツ語を学びましょう。

2011 年　春
著者一同

1課6ページ構成です

はじめの2ページ　～ドイツ語のしくみ～

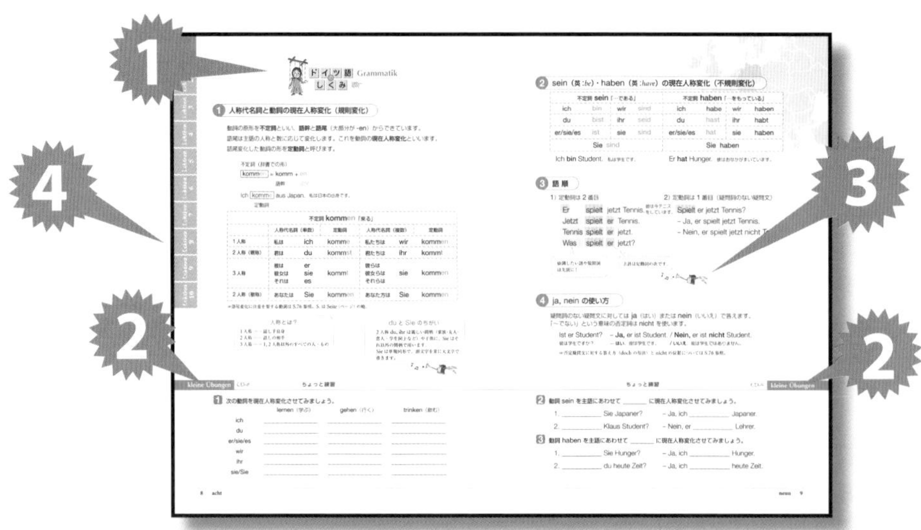

ドイツ語のしくみ Grammatik

1 人称代名詞と動詞の現在人称変化（規則変化）

動詞の原形を**不定詞**といい、**語幹**と**語尾**（大部分が -en）からできています。
語尾は主語の人称と数に応じて変化します。これを動詞の**現在人称変化**といいます。
語尾変化した動詞の形を**定動詞**と呼びます。

不定詞（辞書での形）
kommen = komm + en
語幹　語尾

Ich komme aus Japan. 私は日本の出身です。
定動詞

不定詞 kommen「来る」						
	人称代名詞（単数）		定動詞	人称代名詞（複数）		定動詞
1人称	私は	ich	komme	私たちは	wir	kommen
2人称（親称）	君は	du	kommst	君たちは	ihr	kommt
3人称	彼は 彼女は それは	er sie es	kommt	彼らは 彼女らは それらは	sie	kommen
2人称（敬称）	あなたは	Sie	kommen	あなた方は	Sie	kommen

人称とは？
1人称……話し手自身
2人称……話しの相手
3人称……1, 2人称以外のすべての人・もの

du と Sie のちがい

2 sein（英：*be*）・haben（英：*have*）の現在人称変化（不規則変化）

不定詞 sein「…である」				不定詞 haben「…をもっている」			
ich	bin	wir	sind	ich	habe	wir	haben
du	bist	ihr	seid	du	hast	ihr	habt
er/sie/es	ist	sie	sind	er/sie/es	hat	sie	haben
Sie sind				Sie haben			

Ich **bin** Student. 私は学生です。　Er **hat** Hunger. 彼はおなかがすいています。

3 語順

1) 定動詞は2番目
Er spielt jetzt Tennis. 彼は今テニスをしています。
Jetzt spielt er Tennis.
Tennis spielt er jetzt.
Was spielt er jetzt?

2) 定動詞は1番目（疑問詞のない疑問文）
Spielt er jetzt Tennis?
– Ja, er spielt jetzt Tennis.
– Nein, er spielt jetzt nicht T…

4 ja, nein の使い方

疑問詞のない疑問文に対しては ja（はい）または nein（いいえ）で答えます。
「～でない」という意味の否定詞は nicht を使います。

Ist er Student? – **Ja,** er ist Student. / **Nein,** er ist **nicht** Student.

kleine Übungen　ちょっと練習

1 次の動詞を現在人称変化させてみましょう。

	lernen（学ぶ）	gehen（行く）	trinken（飲む）
ich			
du			
er/sie/es			
wir			
ihr			
sie/Sie			

2 動詞 sein を主語にあわせて ＿＿ に現在人称変化させてみましょう。
1. ＿＿ Sie Japaner? – Ja, ich ＿＿ Japaner.
2. ＿＿ Klaus Student? – Nein, er ＿＿ Lehrer.

3 動詞 haben を主語にあわせて ＿＿ に現在人称変化させてみましょう。
1. ＿＿ Sie Hunger? – Ja, ich ＿＿ Hunger.
2. ＿＿ du heute Zeit? – Ja, ich ＿＿ heute Zeit.

8 acht　　neun 9

1 ドイツ語のしくみ　Grammatik

文法は明快な説明を心がけ、変化表は見やすいように工夫してあります。

2 ちょっと練習　kleine Übungen

文法の確認問題です。その課の文法項目をしっかりと身につけましょう。

3 ハーメルンの笛吹き男

文法をさらに詳しく説明してくれたり、注意すべき点を教えてくれたりします。

4 インデックス

これを見ればここが何課なのかが一目で分かります。パラパラとページをめくれば、めざす課にすぐ飛ぶことができます。

読んでみよう（巻末）

各課の内容と文法に対応した読章をまとめて巻末に置きました。読む力を鍛えましょう。

次の４ページ　～単語を使っていろいろやってみよう～

5 ことばの宝箱

その課で使う単語を覚えやすいように視覚的に表現してみました。このページの実写版が DVD に収録されています。また、現在のドイツの風物、ドイツの人々の日常の様子もふんだんに収めました。生き生きとした映像を見れば、あなたもドイツへ行ってみたくなりますよ。

6 スポットライト　知っておくと便利な文法項目・表現・単語にスポットライトをあてました。

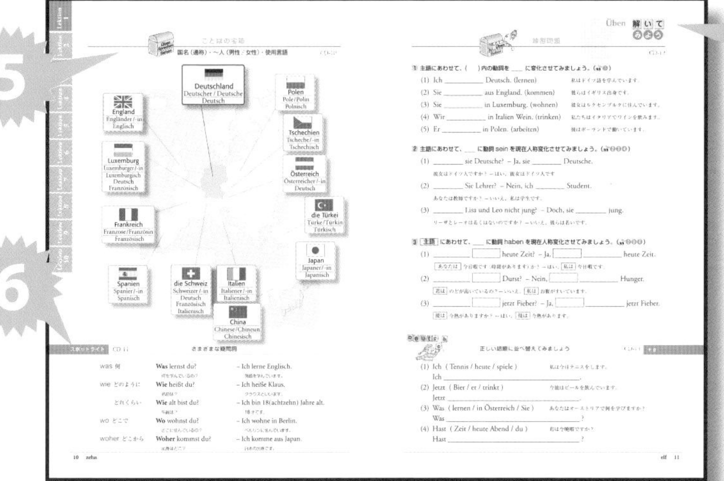

7 解いてみよう

文法項目を思い出しながら、「ことばの宝箱」の単語を参考にして問題を解いてみましょう。
文法項目との対応は👀で示してあります。

8 話してみよう

すでに習った文法の範囲内で理解できる対話です。スラスラ発音できるまでくり返し練習しましょう。

9 表現のエッセンス

「話してみよう」に含まれている表現を使ってパートナー練習をしてみましょう。

10 見てみよう

「見てみよう」は前のページの「話してみよう」に関連した内容を、たくさんの写真を使って視覚化しました。

11 Multikulti（ムルティクルティ）

多文化・多言語の中のドイツ語という視点から、ドイツ国内の文化事情や、ドイツと他の国とのいろいろな関係に関する情報を載せました。

ヨーロッパ地図

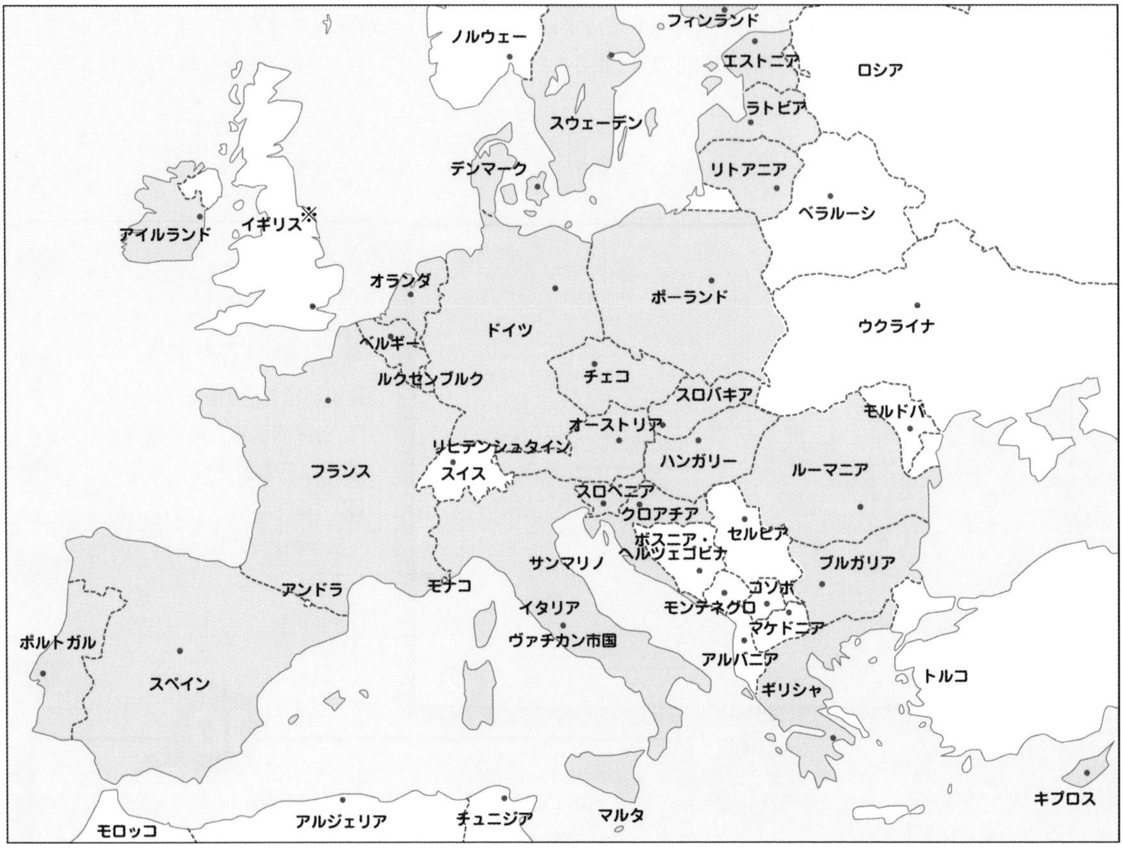

●は首都の位置

欧州連合（EU）加盟国〈通称〉（2023年現在）

ベルギー	Belgien	ブルガリア	Bulgarien	デンマーク	Dänemark
ドイツ	Deutschland	エストニア	Estland	フィンランド	Finnland
フランス	Frankreich	ギリシャ	Griechenland	イタリア	Italien
アイルランド	Irland	リトアニア	Litauen	ラトビア	Lettland
ルクセンブルク	Luxemburg	マルタ	Malta	オランダ	Niederlande
オーストリア	Österreich	ポーランド	Polen	ポルトガル	Portugal
ルーマニア	Rumänien	スウェーデン	Schweden	スロバキア	Slowakei
スロベニア	Slowenien	スペイン	Spanien	チェコ	Tschechien
ハンガリー	Ungarn	キプロス	Zypern	クロアチア	Kroatien

EU = **E**uropäische **U**nion

※ イギリス（England）は、2016年6月の国民投票で欧州連合からの離脱を決定し2020年1月に離脱、同年12月末に移行期間を終えた。

ドイツ語圏略地図（□ はドイツ語使用地域）

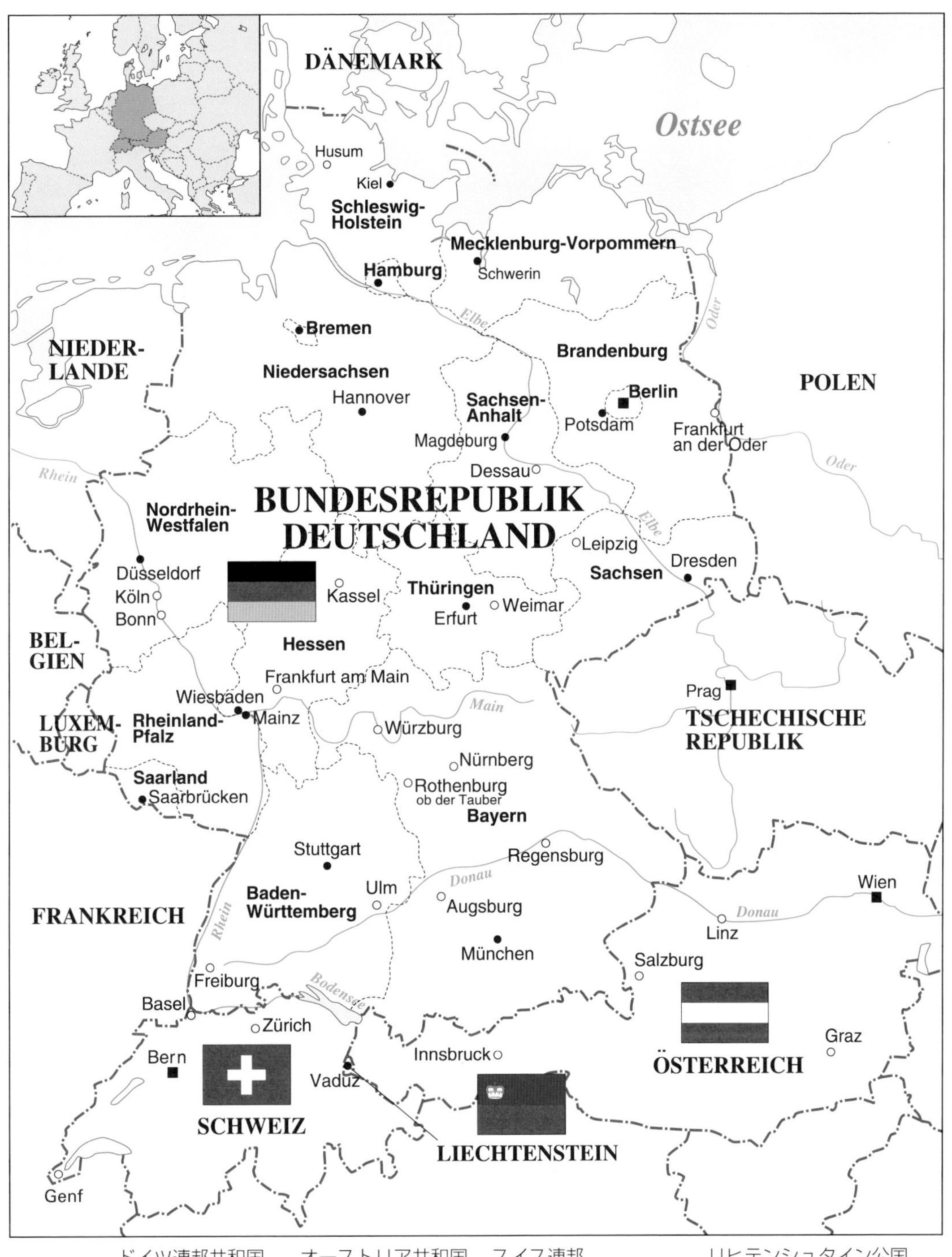

	ドイツ連邦共和国 Bundesrepublik Deutschland	オーストリア共和国 Republik Österreich	スイス連邦 Schweizerische Eidgenossenschaft （通称 Schweiz）	リヒテンシュタイン公国 Fürstentum Liechtenstein
首 都	ベルリン	ヴィーン	ベルン	ファドゥーツ
面 積	35 万 7021km^2	8 万 3858km^2	4 万 1284km^2	160km^2
人 口	8320 万人	893 万人	867 万人	3.9 万人
通 貨	ユーロ (Euro)	ユーロ (Euro)	スイスフラン (sFr)	スイスフラン (sFr)

現在の首都ベルリンは、1961 年から 1989 年まで、壁で東西に分断されていた。

A：ライン川沿いには、ブドウ畑が広がり、古城も多くみられる。

B：飲み物片手にライン川下りはいかが？

ベルリンには、さまざまな国から人々が集まってくる。

C：スーパーマーケットには、たいてい、お肉の量り売り場があり、新鮮な肉やソーセージが買える。

D：ビールもスーパーで買えば、水のような安さ。

E：カートはコインを入れて使う。指定の場所に戻すと、コインが返ってくる。カート放置を防ぐ工夫だ。

1Mal Bratwurst, 1.50 Euro! Kosten Sie mal!

リヒテンシュタイン公国

F：スイスとオーストリアに挟まれている小国、リヒテンシュタインは、アルプスの山々に囲まれている一方で、ライン渓谷もあり、起伏に富んでいる。

G：侯爵家族が住んでいるファドゥーツ城。

H：さまざまな美しい切手の発行で有名。国家収入の約 10%が切手による収入と言われるほど。

F

G

H

オーストリア・ザルツブルク

I：ミュージカル映画「サウンド・オブ・ミュージック」のモデルになったトラップ家が住んでいたザルツブルク郊外の邸宅が、2010年４月にホテルとしてオープン。

J：旧市街の目抜き通りゲトライデガッセ (Getreidegasse)。

K：ザルツブルクの東に位置する観光地ザルツカンマーグート (Salzkammergut)。世界遺産にも登録されている。

I

K

J

もくじ Inhaltsverzeichnis

Das Alphabet アルファベート

CD-2

A a [アー] Arbeit 仕事	B b [ベー] Berlin ベルリン	C c [ツェー] Cent セント	D d [デー] Ding 物
E e [エー] Englisch 英語	F f [エフ] Film フィルム	G g [ゲー] Geld 貨幣	H h [ハー] Hand 手
I i [イー] Italien イタリア	J j [ヨット] Japan 日本	K k [カー] Karte カード	L l [エル] Liebe 愛
M m [エム] Morgen 朝	N n [エン] Name 名前	O o [オー] Oper オペラ	P p [ペー] Person 人

Q q
[クー]
Quittung
領収書

R r
[エル]
Roman
長編小説

S s
[エス]
S-Bahn
近郊鉄道

T t
[テー]
Teller
皿

U u
[ウー]
U-Bahn
地下鉄

V v
[ファオ]
Volk
国民

W w
[ヴェー]
Wagen
自動車

X x
[イクス]
X-Achse
X 軸

Y y
[ユプスィロン]
Yen
円

Z z
[ツェット]
Zimmer
部屋

Ä ä
[エー]
アー・ウム・ラォト
Ärger
怒り

Ö ö
[オの口(くち)でエー]
オー・ウム・ラォト
Österreich
オーストリア

Ü ü
[ウの口(くち)でイー]
ウー・ウム・ラォト
Übung
練習

ß
[ス]
エス・ツェット
Fuß
足

☑ß に大文字はありません。

つづりと発音

●発音の原則● CD-3

1．ほぼローマ字のように読みます。

danke［ダンケ］ありがとう　Ball［バル］ボール　Peter［ペータァ］ペーター（男の名前）

2．アクセントは原則として最初の母音にあります。

Karte［カルテ］カード　Ende［エンデ］終わり　fallen［ファレン］落ちる

3．アクセントのある母音は，次が子音１つなら長く，子音２つ以上なら短くなります。

Name［ナーメ］名前　Foto［フォート］写真　kommen［コメン］来る　Finger［フィンガァ］指

名詞は頭文字を常に大文字で書きます。

☑ Peter や Finger など、語末の -er は軽く「ァ」と発音することが多い。

✱ 注意すべき母音の発音　CD-4

ä	[ɛː エー] [ɛ エ]	Träne	［トゥレーネ］涙	Hände	［ヘンデ］手（複数）
ö	[øː エー] [œ エ]	hören	［ヘーレン］聞く	können	［ケネン］…できる
ü	[yː ユー] [ʏ ユ]	grün	［グリューン］緑色の	dünn	［デュン］薄い
au	[aʊ アォ]	Auge	［アォゲ］目	Baum	［バォム］木
ei	[aɪ アィ]	nein	［ナィン］いいえ	sein	［ザィン］…である
eu, äu	[ɔʏ オィ]	heute	［ホィテ］今日	Gebäude	［ゲ·ボィデ］建物
ie	[iː イー]	Brief	［ブリーフ］手紙	Fieber	［フィーバァ］熱

☑ 外来語は［イエ］と発音します。Familie［ファミーリエ］家族

同じ母音が２つ	Tee	［テー］紅茶	Boot	［ボート］ボート
母音＋h（発音しない）	gehen	［ゲーエン］行く	fahren	［ファーレン］（乗り物で）行く

＊ 注意すべき子音の発音 CD-5

-b, -d, -g ［p プ］［t ト］［k ク］	gelb	［ゲルプ］黄色の	Land	［ラント］国
	Zug	［ツーク］列車		
ch（a, o, u, au の後）［x ハ, ホ, フ, ホ］	acht	［アハト］8	Koch	［コッホ］コック
	Buch	［ブーフ］本	auch	［アォホ］…もまた
（上記以外）［ç ヒ］	ich	［イヒ］私は	China	［ヒーナ］中国
-ig ［-iç イヒ］	billig	［ビリヒ］安い	richtig	［リヒティヒ］正しい
j ［j ユ］	ja	［ヤー］はい	Japan	［ヤーパン］日本
s（母音の前）［z ズ］	sehen	［ゼーエン］見る	Sonntag	［ゾン·ターク］日曜日
（上記以外）［s ス］	Eis	［アィス］氷	Maske	［マスケ］仮面
ss / ß ［s ス］	wissen	［ヴィッセン］知っている	Fuß	［フース］足
	heißen	［ハィセン］（…という）名である		

☑短母音の後では ss，長母音および複母音の後では ß を使います。

sch ［ʃ シュ］	schön	［シェーン］美しい	Englisch	［エングリシュ］英語
sp-, st- ［ʃp シュプ］，［ʃt シュト］	Sport	［シュポルト］スポーツ	Student	［シュトゥデント］大学生
dt, th ［t ト］	Stadt	［シュタット］町	Theater	［テアータァ］劇場
qu ［kv クヴ］	Quittung	［クヴィトゥング］領収書	bequem	［ベ·クヴェーム］快適な
ti ［tsi ツィ］	Lektion	［レクツィオーン］課	Patient	［パツィエント］患者
tsch ［tʃ チュ］	tschüs	［チュース］バイバイ	Deutsch	［ドイッチュ］ドイツ語
v ［f フ］	Vater	［ファータァ］父	vor	［フォーァ］…の前

☑外来語は［ヴ］と発音します。Klavier［クラヴィーァ］ピアノ

w ［v ヴ］	was	［ヴァス］何	Welt	［ヴェルト］世界
z ［ts ツ］	Zeit	［ツァイト］時、時間	Tanz	［タンツ］ダンス
ds, ts, tz ［ts ツ］	abends	［アーベンツ］晩に	rechts	［レヒツ］右に
	jetzt	［イェツト］今		

※発音のカタカナ表記は、早川東三＋伊藤眞＋Wilfried Schulte［著］『初級者に優しい独和辞典』（朝日出版社、2007 年）による。

Grüße　あいさつ　CD-6

Guten Morgen!　おはよう

Guten Tag!　こんにちは

Guten Abend!　こんばんは

Gute Nacht!　おやすみ

Auf Wiedersehen!　さようなら

Tschüs!　バイバイ

Danke (schön)!　ありがとう

Bitte (schön)!　どういたしまして

「ご機嫌いかがですか？」

初対面の人などにする改まった挨拶です.

親しい間柄でするくだけた挨拶です.

Herr~　「~さん」（男性）

Frau~　「~さん」（女性）

曜日・月 CD-7

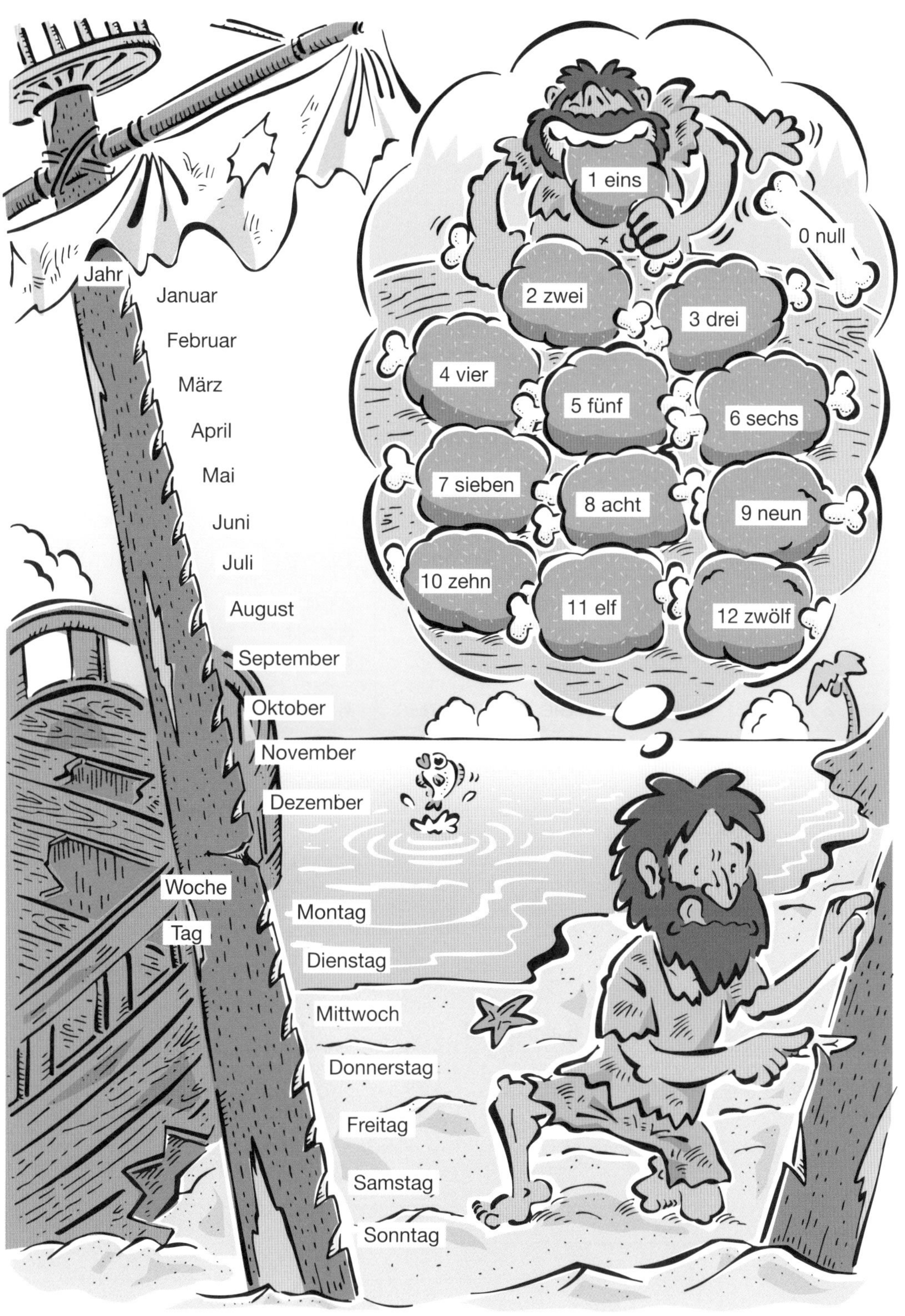
1 eins
0 null
2 zwei
3 drei
4 vier
5 fünf
6 sechs
7 sieben
8 acht
9 neun
10 zehn
11 elf
12 zwölf
Jahr
Januar
Februar
März
April
Mai
Juni
Juli
August
September
Oktober
November
Dezember
Woche
Tag
Montag
Dienstag
Mittwoch
Donnerstag
Freitag
Samstag
Sonntag

1 人称代名詞と動詞の現在人称変化（規則変化）

動詞の原形を**不定詞**といい、**語幹**と**語尾**（大部分が -en）からできています。
語尾は主語の人称と数に応じて変化します。これを動詞の**現在人称変化**といいます。
語尾変化した動詞の形を**定動詞**と呼びます。

不定詞（辞書での形）
kommen = komm + en
語幹　語尾

Ich komme aus Japan. 私は日本の出身です。
定動詞

不定詞 kommen「来る」							
	人称代名詞（単数）		定動詞	人称代名詞（複数）		定動詞
1 人称	私は	ich	komme	私たちは	wir	kommen
2 人称（親称）	君は	du	kommst	君たちは	ihr	kommt
3 人称	彼は 彼女は それは	er sie es	kommt	彼らは 彼女らは それらは	sie	kommen
2 人称（敬称）	あなたは	Sie	kommen	あなた方は	Sie	kommen

☞語尾変化に注意を要する動詞は S.76 参照。S. は Seite（ページ）の略。

人称とは？
1 人称 …… 話し手自身
2 人称 …… 話しの相手
3 人称 …… 1, 2 人称以外のすべての人・もの

du と Sie のちがい
- 2 人称 du, ihr は親しい間柄（家族・友人・恋人・学生同士など）や子供に、Sie はそれ以外の間柄で用います。
- Sie は単複同形で、頭文字を常に大文字で書きます。

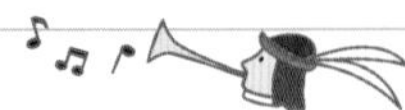

kleine Übungen CD-8 ちょっと練習

1 次の動詞を現在人称変化させてみましょう。

	lernen（学ぶ）	gehen（行く）	trinken（飲む）
ich	＿＿＿	＿＿＿	＿＿＿
du	＿＿＿	＿＿＿	＿＿＿
er/sie/es	＿＿＿	＿＿＿	＿＿＿
wir	＿＿＿	＿＿＿	＿＿＿
ihr	＿＿＿	＿＿＿	＿＿＿
sie/Sie	＿＿＿	＿＿＿	＿＿＿

2 sein（英 :*be*）・haben（英 :*have*）の現在人称変化（不規則変化）

不定詞 **sein**「…である」				不定詞 **haben**「…をもっている」			
ich	bin	wir	sind	ich	habe	wir	haben
du	bist	ihr	seid	du	hast	ihr	habt
er/sie/es	ist	sie	sind	er/sie/es	hat	sie	haben
Sie sind				Sie haben			

Ich **bin** Student. 私は学生です。　　Er **hat** Hunger. 彼はおなかがすいています。

3 語順

1）定動詞は 2 番目

Er spielt jetzt Tennis. 彼は今テニスをしています。
Jetzt spielt er Tennis.
Tennis spielt er jetzt.
Was spielt er jetzt?

強調したい語や疑問詞は先頭に！

主語は定動詞の次です。

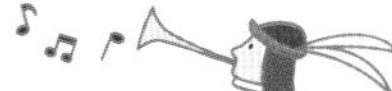

2）定動詞は 1 番目（疑問詞のない疑問文）

Spielt er jetzt Tennis?
– Ja, er spielt jetzt Tennis.
– Nein, er spielt jetzt nicht Tennis.

4 ja, nein の使い方

疑問詞のない疑問文に対しては ja（はい）または nein（いいえ）で答えます。
「〜でない」という意味の否定詞は nicht を使います。

Ist er Student? – **Ja,** er ist Student. / **Nein,** er ist **nicht** Student.
彼は学生ですか？ —**はい**、彼は学生です。 /**いいえ**、彼は学生ではありません。

☞否定疑問文に対する答え方（doch の用法）と nicht の位置については S.76 参照。

ちょっと練習　CD-9　kleine Übungen

2 動詞 sein を主語にあわせて ________ に現在人称変化させてみましょう。

1. ____________ Sie Japaner? – Ja, ich ____________ Japaner.
2. ____________ Klaus Student? – Nein, er ____________ Lehrer.

3 動詞 haben を主語にあわせて ________ に現在人称変化させてみましょう。

1. ____________ Sie Hunger? – Ja, ich ____________ Hunger.
2. ____________ du heute Zeit? – Ja, ich ____________ heute Zeit.

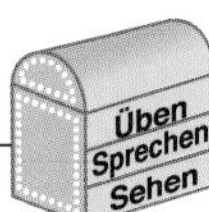

ことばの宝箱

国名（通称）・～人（男性／女性）・使用言語 CD-10

国名	～人（男性／女性）	使用言語
Deutschland	Deutscher / Deutsche	Deutsch
England	Engländer / -in	Englisch
Polen	Pole / Polin	Polnisch
Tschechien	Tscheche / Tschechin	Tschechisch
Luxemburg	Luxemburger / -in	Luxemburgisch Deutsch Französisch
Österreich	Österreicher / -in	Deutsch
Frankreich	Franzose / Französin	Französisch
die Türkei	Türke / Türkin	Türkisch
Japan	Japaner / -in	Japanisch
Spanien	Spanier / -in	Spanisch
die Schweiz	Schweizer / -in	Deutsch Französisch Italienisch
Italien	Italiener / -in	Italienisch
China	Chinese / Chinesin	Chinesisch

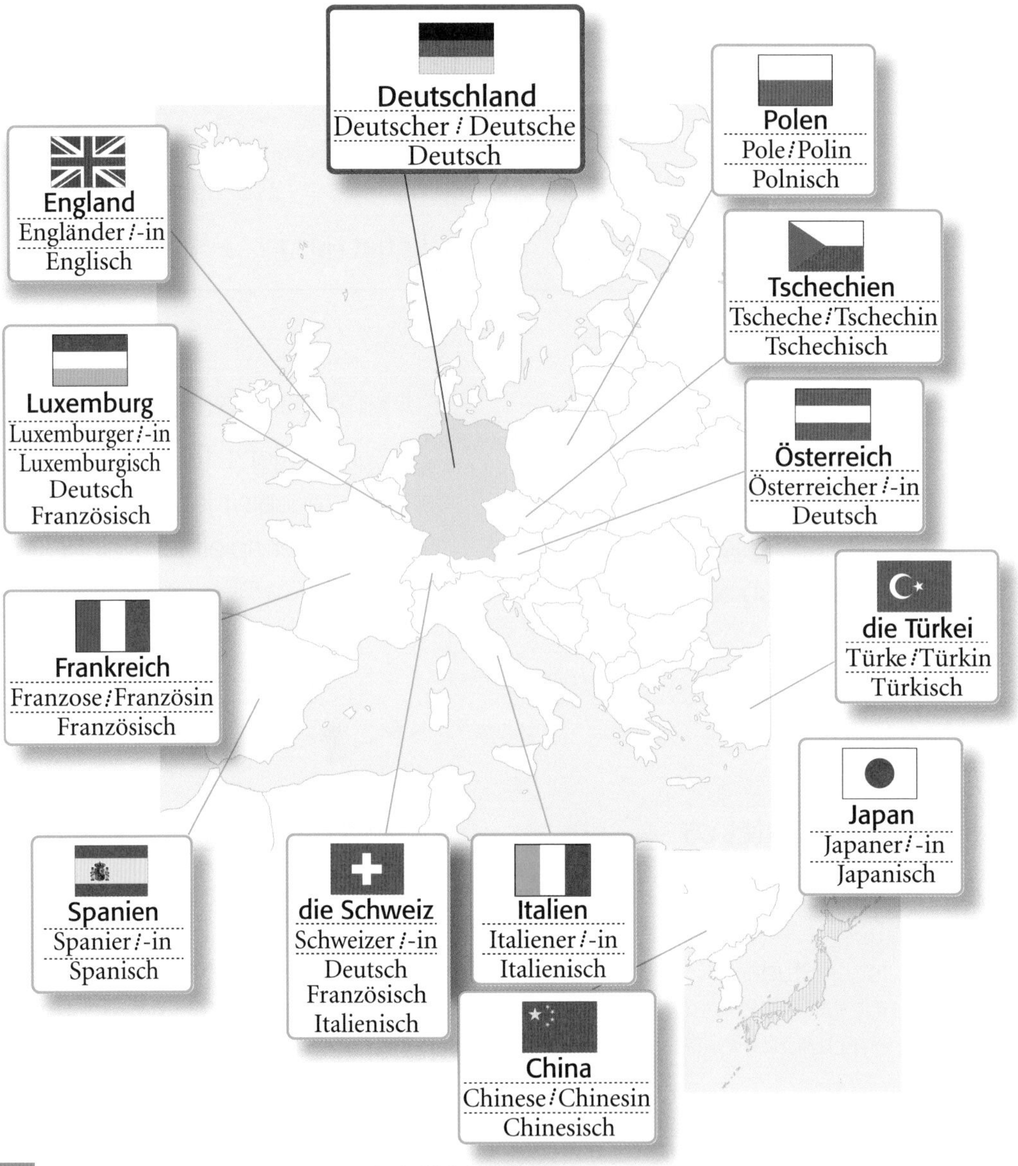

スポットライト CD-11 さまざまな疑問詞

was 何	**Was** lernst du? 何を学んでいるの？	– Ich lerne Englisch. 英語を学んでいます。
wie どのように	**Wie** heißt du? 名前は？	– Ich heiße Klaus. クラウスといいます。
どれくらい	**Wie** alt bist du? 年齢は？	– Ich bin 18(achtzehn) Jahre alt. 18才です。
wo どこで	**Wo** wohnst du? どこに住んでいるの？	– Ich wohne in Berlin. ベルリンに住んでいます。
woher どこから	**Woher** kommst du? 出身はどこ？	– Ich komme aus Japan. 日本の出身です。

練習問題

CD-12

1 主語にあわせて、(　　) 内の動詞を ＿＿ に変化させてみましょう。(❶)

(1) Ich ＿＿＿＿＿＿ Deutsch. (lernen)　私はドイツ語を学んでいます。

(2) Sie ＿＿＿＿＿＿ aus England. (kommen)　彼らはイギリス出身です。

(3) Sie ＿＿＿＿＿＿ in Luxemburg. (wohnen)　彼女はルクセンブルクに住んでいます。

(4) Wir ＿＿＿＿＿＿ in Italien Wein. (trinken)　私たちはイタリアでワインを飲みます。

(5) Er ＿＿＿＿＿＿ in Polen. (arbeiten)　彼はポーランドで働いています。

2 主語にあわせて、＿＿ に動詞 sein を現在人称変化させてみましょう。(❷❸❹)

(1) ＿＿＿＿ sie Deutsche? – Ja, sie ＿＿＿＿ Deutsche.

彼女はドイツ人ですか？ －はい、彼女はドイツ人です。

(2) ＿＿＿＿ Sie Lehrer? – Nein, ich ＿＿＿＿ Student.

あなたは教師ですか？ －いいえ、私は学生です。

(3) ＿＿＿＿ Lisa und Leo nicht jung? – Doch, sie ＿＿＿＿ jung.

リーザとレーオは若くはないのですか？ －いいえ、彼らは若いです。

3 [主語] にあわせて、＿＿ に動詞 haben を現在人称変化させてみましょう。(❷❸❹)

(1) ＿＿＿＿ [　　] heute Zeit? – Ja, [　　] ＿＿＿＿ heute Zeit.

[あなたは] 今日暇です（時間があります）か？ －はい、[私は] 今日暇です。

(2) ＿＿＿＿ [　　] Durst? – Nein, [　　] ＿＿＿＿ Hunger.

[君は] のどが渇いているの？－いいえ、[私は] お腹がすいています。

(3) ＿＿＿＿ [　　] jetzt Fieber? – Ja, [　　] ＿＿＿＿ jetzt Fieber.

[彼は] 今熱がありますか？ －はい、[彼は] 今熱があります。

Deutsch

正しい語順に並べ替えてみましょう

CD-13　+α

(1) Ich (Tennis / heute / spiele)　私は今日テニスをします。
Ich ＿＿＿＿＿＿＿＿＿＿＿＿＿＿.

(2) Jetzt (Bier / er / trinkt)　今彼はビールを飲んでいます。
Jetzt ＿＿＿＿＿＿＿＿＿＿＿＿＿＿.

(3) Was (lernen / in Österreich / Sie)　あなたはオーストリアで何を学びますか？
Was ＿＿＿＿＿＿＿＿＿＿＿＿＿＿ ?

(4) Hast (Zeit / heute Abend / du)　君は今晩暇ですか？
Hast ＿＿＿＿＿＿＿＿＿＿＿＿＿＿ ?

話してみよう Sprechen

Ich heiße Pierre Schulz.

自己紹介 CD-14

ルクセンブルクから来たピエール（*Pierre Schulz*）がパーティーでミュラー（*Hans Müller*）さんに声をかけられました。初対面ではきちんと自己紹介することが大切です。

Herr Müller : Hallo, ich bin Hans Müller.

Herr Schulz : Guten Tag, ich heiße Pierre Schulz.

Herr Müller : Ah, kommen Sie aus Frankreich?

Herr Schulz : Nein, ich komme aus Luxemburg und wohne in Trier（トゥリーア）.

表現のエッセンス  CD-15 自己紹介

名前は？ Wie heißen Sie? Ich heiße ______________ .

出身は？ Woher kommen Sie? Ich komme aus ______________ .

住いは？ Wo wohnen Sie? Ich wohne in ______________ .

Luxemburg
ルクセンブルク

世界遺産 ルクセンブルク旧市街

★世界第１位のルクセンブルク

・１人当たりのGDP(国内総生産)
税率を低くすることで、国際的な大企業や外国の金融機関を積極的に誘致することに成功したためと言われています。

・コーヒー年間消費量
国民が毎日７杯飲む量に相当します（平均的な日本人の７倍の量です）。

コーヒーや酒にかかる税率がEU諸国よりもかなり安いため、周辺諸国から買いに来る人々も多いのが、この数字に表れていると言われています。

ちなみに、ワインの年間消費量は、１人当たり年間55.8リットルで、日本の約28倍の量にあたります。

ノートルダム大聖堂

「北のジブラルタル」とも呼ばれているルクセンブルクは、古くからの城砦都市です。
古い町並みと要塞群が世界遺産に登録されています。

★別れのあいさつ

・Good bye、Adios（スペイン語）：
〈神の御許にあれかし〉という意味で、神のご加護を願うもの。
・Auf Wiedersehen!、再見（中国語）、See you again!:
文字通り「再び会いましょう」の意味。
・ゲセヨ（ハングル)、Farewell!:
〈お元気で〉という意味。
・さようなら：
〈左様ならば、それならば〉＝今までのことが終わって、新しいことに立ち向かう心構えを表している。

多言語社会ルクセンブルク  Multikulti

ドイツ・フランス・ベルギーに囲まれたルクセンブルクは面積が神奈川県ほどで、人口は60万人に満たない小さな国だ。その小国が現代を生き残る戦略として選んだのは、「低い税率」の採用と「語学教育」の推進である。文化の多様性を尊重するEU（欧州連合）が多言語主義を推進する中で、ルクセンブルクはそのモデルケースとして脚光を浴びている。EUの言語教育方針は母語以外の２つの言語の習得を目標にしているが、ルクセンブルクの子供たちは、ルクセンブルク語以外に、小学校低学年でドイツ語とフランス語を学び、中学校ではさらに英語をマスターする。国民の多くが４つの言語を自在に操れるというわけだ。ルクセンブルクは多言語文化の発信地として国際都市への道を着々と歩んでいる。

1 名詞の性、冠詞

ドイツ語の単数名詞には文法上の性があり、**男性・女性・中性**に区別されます。性に応じて名詞につく冠詞の形が異なります。名詞の頭文字は常に大文字で書きます。

	男性名詞	女性名詞	中性名詞
定冠詞	der Mann	die Frau	das Kind
不定冠詞	ein Mann	eine Frau	ein Kind
人称代名詞	er	sie	es

・定冠詞（der,die,das）は英語の the に相当し、「その～」「あの～」「例の～」といった意味をもっています。
・不定冠詞（ein,eine,ein）は英語の a, an に相当し「ひとつの～」「ある～」といった意味をもっています。

2 定冠詞と名詞の格変化

名詞には主語や目的語などの役割があり、それを**格**といいます。格には１格から４格まであり、日本語の「～は / が、～の、～に、～を」にほぼ相当します。格に応じて冠詞や名詞の語形が変化します。これを**格変化**といいます。

	男性名詞（机）	女性名詞（時計）	中性名詞（本）
１格 ～は / が（主格）	der Tisch	die Uhr	das Buch
２格 ～の（所有格）	des Tisch[**e**]**s**	der Uhr	des Buch[**e**]**s**
３格 ～に（間接目的格）	dem Tisch	der Uhr	dem Buch
４格 ～を（直接目的格）	den Tisch	die Uhr	das Buch

☑ 男性名詞と中性名詞の２格には原則として -s または -es がつきます。☞特殊な変化をする名詞については S.77。

3 不定冠詞と名詞の格変化

	男性名詞（机）	女性名詞（時計）	中性名詞（本）
１格 ～は / が（主格）	ein Tisch	eine Uhr	ein Buch
２格 ～の（所有格）	eines Tisch[**e**]**s**	einer Uhr	eines Buch[**e**]**s**
３格 ～に（間接目的格）	einem Tisch	einer Uhr	einem Buch
４格 ～を（直接目的格）	einen Tisch	eine Uhr	ein Buch

kleine Übungen CD-16 ちょっと練習

1 定冠詞と名詞を格変化させてみましょう。

１格	*der Berg* (山)	*die Katze* (猫)	*das Haus* (家)
２格	______	______	______
３格	______	______	______
４格	______	______	______

4 格の用法

2格は後ろから前の名詞を修飾します。

A ist B. の形の文では、主語 A だけでなく、述語 B も1格です。

1格	**Der Mann** ist Arzt.	その男性は医者です。
2格	Das Auto **des Mann[e]s** ist neu.	その男性の車は新しいです。
3格	Ich danke **dem Mann** sehr.	私はその男性にとても感謝しています。
4格	Ich besuche heute **den Mann**.	私は今日その男性を訪問します。

4格の目的語をとる動詞を他動詞といいます(それ以外は自動詞といいます)。

■前に出てきた名詞を人称代名詞で受ける場合、ドイツ語では人・ものに関係なく、男性名詞は **er**、女性名詞は **sie**、中性名詞は **es** で受けます。

Dort ist **eine** Uhr. あそこに時計があります。
Ist **die** Uhr alt? その時計は古いですか?
— Ja, **sie** ist alt. はい、それは古いです。

辞書の見方

名詞の性は、辞書では、それぞれ 男 女 中、*m. f. n.* などと示されています。
名詞の性の見分け方は☞ S.77。

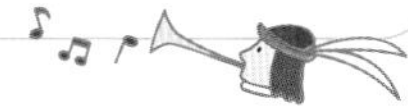

5 疑問代名詞 was、wer の格変化

	何 (英:what)	誰 (英:who)
1格 〜は/が	was	wer
2格 〜の	—	wessen
3格 〜に	—	wem
4格 〜を	was	wen

wessen は、前から後ろの名詞にかかります。

Was ist Liebe? 愛とは**何**か?
Was trinkst du? 君は**何を**飲むの?

Wer kommt heute? 今日は**誰が**来るのですか?
Wessen Auto ist das*? これは**誰の**車ですか?
Wem dankt er? 彼は**誰に**感謝していますか?
Wen besucht sie? 彼女は**誰を**訪問しますか?

* この das は定冠詞ではなく、性・数に関係なく単独で用いられる指示代名詞です。
「これ(ら)は/を」「それ(ら)は/を」という意味です。☞ S.78。

ちょっと練習 CD-17 kleine Übungen

2 不定冠詞と名詞を格変化させてみましょう。

1格	*ein Brief* (手紙)	*eine Kamera* (カメラ)	*ein Hotel* (ホテル)
2格	______	______	______
3格	______	______	______
4格	______	______	______

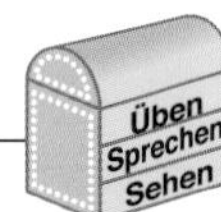

ことばの宝箱

職業名のいろいろ

CD-18

Was sind Sie (von Beruf) ? 職業は何ですか？ —Ich bin Arzt. 私は医師です。

① Arzt[Ärztin] 医師　② Architekt[-in] 建築士　③ Lehrer[-in] 教師
④ Koch[Köchin] コック　⑤ Apotheker[-in] 薬剤師　⑥ Bäcker[-in] パン職人
⑦ Kellner[-in] ウェイター　⑧ Verkäufer[-in] 店員　⑨ Bauarbeiter[-in] 建築作業員
⑩ Taxifahrer[-in] タクシー運転手　[　]は女性形です。

スポットライト　CD-19　専攻名のいろいろ

Was studieren Sie? 何を専攻していますか？—Ich studiere Philosophie. 私は哲学を専攻しています。

情報科学
Informatik 女

物理学
Physik 女

歴史学
Geschichte 女

生物学
Biologie 女

医学
Medizin 女

音楽
Musik 女

練習問題

CD-20

1 ＿＿ に定冠詞を入れてみましょう。（❶❷❹）

(1) ＿＿＿＿ Kellner ist sehr groß. そのウエイターは、とても背が高いです。

(2) Ich danke ＿＿＿＿ Lehrerin sehr. 私はその女性教師にとても感謝しています。

(3) Das ist das Auto ＿＿＿ Arztes. それはその医師の車です。

(4) Heute kauft sie ＿＿＿＿ Buch. 今日彼女はその本を買います。

2 ＿＿ に不定冠詞を入れてみましょう。（❶❸❹）

(1) Dort steht ＿＿＿＿ Kellnerin. あそこに一人のウエイトレスが立っています。

(2) Heute Abend besucht er ＿＿＿＿ Lehrer. 今晩彼はある教師を訪問します。

(3) Das ist die Uhr ＿＿＿＿ Kind(e)s. これはある子どもの時計です。

(4) Ich schicke ＿＿＿＿ Ärztin ＿＿＿＿ Paket. 私はある女性医師に一つの荷物を送ります。

3 （　）に疑問代名詞を入れ、＿＿ に定冠詞・不定冠詞の語尾を補ってみましょう。（❶〜❺）

(1) (　　　) hat ein Auto? – D＿＿ Studentin hat e＿＿ Auto.

誰が車を持っていますか？ －その女子学生が車を持っています。

(2) (　　　) Haus ist das? – Das ist d＿＿ Haus d＿＿ Mann(e)s.

それは誰の家ですか？ －それはその男性の家です。

(3) (　　　) schreiben Sie einen Brief? – Ich schreibe d＿＿ Kind e＿＿ Brief.

あなたは誰に手紙を書きますか？ －私は子どもに手紙を書きます。

(4) (　　　) lieben Sie? – Ich liebe e＿＿ Verkäufer.

あなたは誰を愛していますか？ －私はある店員を愛しています。

Deutsch 正しい語順に並べ替えてみましょう

CD-21 ＋α

(1) Die Kamera (ist / sehr / teuer) そのカメラはとても高い。
Die Kamera ＿＿＿＿＿＿＿＿＿＿＿＿＿＿＿＿.

(2) Ich (eine Rose / der Frau / schenke) 私はその女性に一輪のバラを贈ります。
Ich ＿＿＿＿＿＿＿＿＿＿＿＿＿＿＿＿.

(3) Sie (interessant / findet / das Märchen) 彼女はその童話を面白いと思っています。
Sie ＿＿＿＿＿＿＿＿＿＿＿＿＿＿＿＿.

(4) Das (des Bäckers / ist / das Haus) それはそのパン職人の家です。
Das ＿＿＿＿＿＿＿＿＿＿＿＿＿＿＿＿.

話してみよう Sprechen

Ich lese gern Manga.

趣味は Manga

CD-22

エルザ（*Elsa Lang*）はフランスの女子高生。休暇で訪れたハンブルク（Hamburg）でクラウス（*Klaus Weil*）と知り合いました。二人は趣味について話しはじめます。

Klaus : Hast du Hobbys*, Elsa?

Elsa : Oui（ウィ）, ich lese sehr gern *Manga*. „Dragon Ball“ und „Sailor Moon“ zum Beispiel* sind fantastisch. In Frankreich sind *Manga* und *Anime* sehr populär. Wie ist das in Deutschland?

*Hobbys: Hobby（趣味）の複数形　　zum Beispiel = z.B. たとえば

表現のエッセンス　CD-23　「～するのが好きです」

Spielst du gern Tennis?
テニスをするのは好きですか？

Ja, ich spiele gern Tennis.
はい、テニスをするのが好きです。

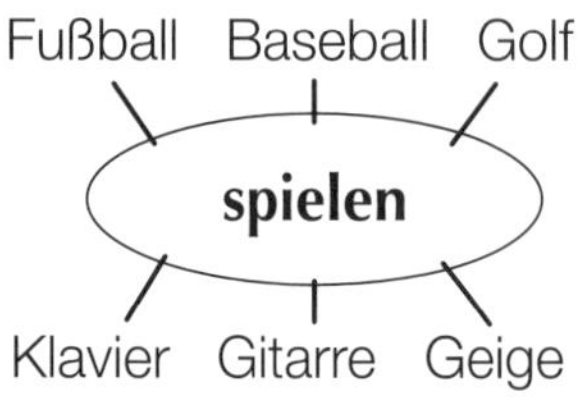

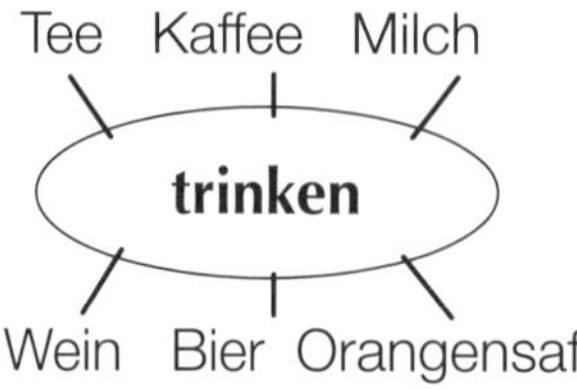

essen
lesen
schwimmen

Manga-Kultur
マンガ文化

ドイツで翻訳されている日本のマンガのタイトルはほとんどが原題のままです。わずかですがドイツ語に訳されているタイトルがあります。
さて、日本語原題はなんでしょう？

„Die Rosen von Versailles"
„Das wandelnde Schloss"
„Nausicaä aus dem Tal der Winde"

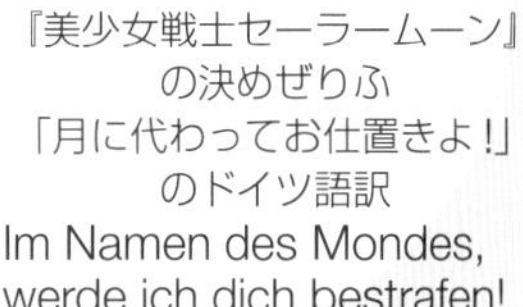

『美少女戦士セーラームーン』の決めぜりふ「月に代わってお仕置きよ！」のドイツ語訳
Im Namen des Mondes, werde ich dich bestrafen!

★ドイツ三大アニメ・マンガイベント
- AnimagiC
  開催地：ボン 毎年8月開催
- Connichi（今日）
  開催地：カッセル 毎年9月開催
- Japan-Tag（日本デー）
  開催地：デュッセルドルフ 毎年6月開催

ドイツとフランスに新たな雪解けが！

Multikulti

ドイツとフランスは隣国同士でありながら、長い間犬猿の仲ともいえる関係だった。だが第二次世界大戦後、両国はヨーロッパ統合へ向けて多くの分野で協力を押し進めていった。その成果のひとつとして、敗戦国ドイツと戦勝国フランスで共通の歴史教科書（2006/7年度用ドイツ語版とフランス語版）が刊行され、実際に両国の高校で使用されているのだ。もともとこれは高校生たちのアイデアで、それを両政府が支持して実現したというからすごい（日本語訳も2016年に明石書店から出版されている）。

上の解答です
『ベルサイユのばら』
『ハウルの動く城』
『風の谷のナウシカ』

1 不規則動詞の現在人称変化

動詞には、主語が２人称単数（du）と３人称単数（er/sie/es）のとき、語幹の母音（幹母音）が変わるものがあります。

	a → ä タイプ	e → i(e) タイプ	
不定詞	fahren	sprechen	sehen
	（乗り物で）行く	話す	見る
ich	fahre	spreche	sehe
du	fährst	sprichst	siehst
er/sie/es	fährt	spricht	sieht
wir	fahren	sprechen	sehen
ihr	fahrt	sprecht	seht
sie/Sie	fahren	sprechen	sehen

werden
～になる
werde
wirst
wird
werden
werdet
werden

Er fährt morgen nach Frankfurt.　彼は明日フランクフルトへ行きます。
Du sprichst gut Deutsch.　君はドイツ語が上手だね。

幹母音が変わる動詞は、教科書巻末の表や、辞書で確認しましょう。

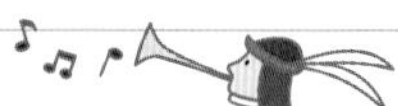

2 命令形

命令形には、相手が du（君）、ihr（君たち）、Sie（あなた・あなたがた）によって３つの形があります。それぞれ不定詞の語幹に次の語尾をつけて作ります。

不定詞 語幹―en	du に対して 語幹― (e)!	ihr に対して 語幹― (e)t!	Sie に対して 語幹― en Sie!
kommen warten	Komm(e)! Warte!	Kommt! Wartet!	Kommen Sie! Warten Sie!
sein	Sei ......!	Seid.....!	Seien Sie ......!

☑ e → i(e) タイプの動詞の du に対する命令形は☞ S.78 参照。

主語 Sie がつきます。

Sei brav, Hans!　いい子にしていなさい、ハンス。
Geht nach Hause!　君たち、家へ帰りなさい。
Kommen Sie bitte her!　こちらに来て下さい。

du と ihr に対する命令文では主語は省略します。

kleine Übungen　CD-24　ちょっと練習

1 よく使われる不規則動詞です。辞書で調べて＿＿に幹母音を入れてみましょう。

不定詞	schlafen	tragen	essen	helfen	lesen	nehmen	geben
	眠る	運ぶ・身につけている	食べる	助ける	読む	取る	与える
du	schl_fst	tr_gst	_sst	h_lfst	l_st	n_mmst	g_bst
er/sie/es	schl_ft	tr_gt	_sst	h_lft	l_st	n_mmt	g_bt

3 人称代名詞の３格と４格

	単数					複数			敬称
	１人称	２人称	３人称			１人称	２人称	３人称	２人称
１格 ～は / が	ich	du	er	sie	es	wir	ihr	sie	Sie
３格 ～に	mir	dir	ihm	ihr	ihm	uns	euch	ihnen	Ihnen
４格 ～を	mich	dich	ihn	sie	es	uns	euch	sie	Sie

Ich danke Ihnen herzlich. あなたに心から感謝します。
Ich liebe dich. 君を愛してるよ。
Er *hilft* mir. 彼は私を手伝ってくれます。
Ich *frage* ihn. 私は彼に尋ねます。

ドイツ語の１格から４格は「～は / が、～の、～に、～を」に相当しますが、動詞によってはそれが当てはまらない場合があります。たとえば helfen（～を助ける、手伝う）は目的語に３格を、fragen（～に尋ねる）は４格をとります。

4 ３格・４格目的語の語順

1）両方とも名詞の場合 ➡ 3格 + 4格 の順
Erika schreibt dem Bruder eine Mail. エーリカは弟にメールします。

2）両方とも代名詞の場合 ➡ 4格 + 3格 の順
Erika schreibt sie ihm.

3）一方が代名詞、他方が名詞の場合 ➡ 格に関係なく 代名詞 + 名詞 の順
Erika schreibt ihm eine Mail.
Erika schreibt sie dem Bruder.

３格・４格目的語をとる動詞で、よく使われるものです。
bringen（持って行く） geben（与える）
schenken（贈る） schicken（送る）
zeigen（示す）

ちょっと練習 CD-25 kleine Übungen

2 （　）の語を人称代名詞に変えてみましょう。

(1) Ich danke ＿＿＿＿＿. (der Frau) 私はその女性に感謝しています。

(2) Der Student hilft ＿＿＿＿＿. (dem Lehrer) その学生は先生を手伝う。

(3) Ich finde ＿＿＿＿＿ interessant. (den Film) 私はその映画を面白いと思う。

(4) Ich gebe ＿＿＿＿＿ ein Heft. (dem Kind) 私はその子にノートをあげる。

ことばの宝箱

乗りもの

CD-26

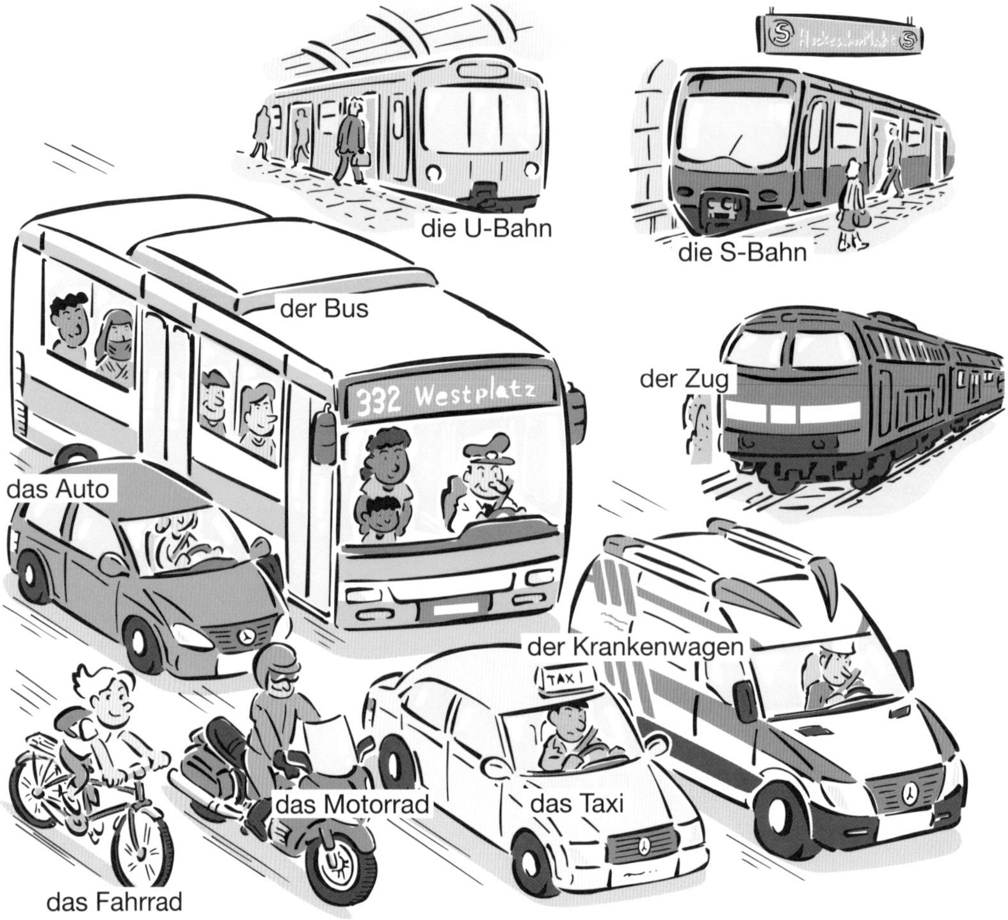

die U-Bahn
die S-Bahn
der Bus
der Zug
das Auto
der Krankenwagen
das Motorrad
das Taxi
das Fahrrad

den Bus nehmen バスを利用する
　Ich nehme den Bus. 私はバスを利用します。
Fahrrad fahren 自転車に乗る
zu Fuß gehen 徒歩で行く

ドイツ語では慣用句（イディオム）や熟語を表すとき、動詞の不定詞を最後に置く習慣があります（左の nehmen, fahren, gehen など）。

スポットライト　CD-27　「～しよう」

wir を主語にして、〈**定動詞 + wir … !**〉の形で「**～しよう**」という促しの表現になります。

Der Bus hat Verspätung. **Gehen wir** zu Fuß!
バスは遅れている。　歩いて行こう。

Das Hotel ist weit entfernt. **Nehmen wir** ein Taxi!
そのホテルは遠い。　タクシーに乗ろう。

練習問題

CD-28

1 (　　) 内の動詞を現在人称変化させて ＿＿ に入れてみましょう。(❶)

(1) Die Mutter ＿＿＿＿＿＿ gern Fahrrad. (fahren) 母親は自転車に乗るのが好きです。

(2) ＿＿＿＿＿＿ du täglich die Zeitung? (lesen) 君は毎日新聞を読みますか？

(3) Der Bruder ＿＿＿＿＿＿ eine Uhr. (tragen) 兄は時計をつけています。

(4) ＿＿＿＿＿＿ du morgen den Bus? (nehmen) 君は明日バスを利用しますか？

(5) Er ＿＿＿＿＿＿ dem Kind das Foto eines Zuges. (geben)
彼は子どもに列車の写真をあげます。

2 命令文を指示にしたがって作ってみましょう。(❷)

(1) Kommen Sie her! (Sie に対する命令) こちらに来て下さい。

du に対する命令 → ＿＿＿＿＿＿＿＿＿＿＿＿!

ihr に対する命令 → ＿＿＿＿＿＿＿＿＿＿＿＿!

(2) Sei ruhig! (du に対する命令) 静かにしなさい。

ihr に対する命令 → ＿＿＿＿＿＿＿＿＿＿＿＿!

Sie に対する命令 → ＿＿＿＿＿＿＿＿＿＿＿＿!

3 ＿＿ に人称代名詞を入れてみましょう。(❶❸)

(1) Ich liebe ＿＿＿＿ sehr. 私は彼女を心から愛しています。

(2) Er hilft ＿＿＿＿ heute. 彼は今日あなたたちを手伝ってくれます。

(3) Sie fragt ＿＿＿＿: „Wo wohnen Sie?“ 彼女は私に「どこに住んでいますか」と尋ねます。

(4) Ich schenke ＿＿＿＿ ein Buch. 私は君に一冊の本を贈ります。

正しい語順に並べ替えてみましょう

CD-29 ＋α

(1) Hans (schickt / einen Brief / der Schwester) ハンスは妹に手紙を送る。
Hans ＿＿＿＿＿＿＿＿＿＿＿＿＿＿＿＿＿＿＿＿.

(2) Hans (schickt / einen Brief / ihr) ハンスは彼女に手紙を送る。
Hans ＿＿＿＿＿＿＿＿＿＿＿＿＿＿＿＿＿＿＿＿.

(3) Hans (schickt / der Schwester / ihn) ハンスは妹にそれを送る。
Hans ＿＿＿＿＿＿＿＿＿＿＿＿＿＿＿＿＿＿＿＿.

(4) Hans (schickt / ihr / ihn) ハンスは彼女にそれを送る。
Hans ＿＿＿＿＿＿＿＿＿＿＿＿＿＿＿＿＿＿＿＿.

話してみよう Sprechen

Am Bahnhof

フランクフルト中央駅で　CD-30

フランクフルト (Frankfurt a. M.) に住む鉄道ファンのグスタフ (*Gustav Braun*) は、ドイツ語を学びにイギリスのロンドンから来たデイビッド (*David Cambell*) と一緒にボン (Bonn) まで出かけます。二人は駅で切符を買います。

David : Zweimal, hin und zurück zweiter Klasse* nach Bonn, bitte.

Angestellte : ICE2345. Das macht 280 (zweihundertachtzig) Euro.

David : Von wo* fährt der Zug?

Angestellte : Gleis 4.

David : Vielen Dank!

Gustav : David, ich zahle dir die Hälfte.

*zweiter Klasse 二等　von wo どこから

表現のエッセンス　CD-31 「～（乗りもの）は…へ行きます」

Wohin fährt der Zug?　その列車はどこへ行くのですか？

Der Zug fährt nach Frankfurt.　その列車はフランクフルトへ行きます。

Frankfurt a. M.

フランクフルト

マイン川に臨むフランクフルト

欧州中央銀行

レーマー広場のクリスマス市

★ソーセージあれこれ（ドイツ語では Wurst）

・フランクフルトソーセージ
豚の腸または直径 20 ミリ以上 35 ミリ未満に腸詰めしたもの

・ウインナーソーセージ
羊の腸または直径 20 ミリ未満に腸詰めしたもの

フランクフルトソーセージは、フランクフルト名産のソーセージです。また、ウインナーはヴィーンで作り始められたソーセージという説と、ウインナーさんが作ったという説があります。
ドイツには他に、細くて長いチューリンガー・ヴルスト、短いニュルンベルガー・ヴルスト、ミュンヘナー・ヴルストなど、約 1500 種類のソーセージがあるといわれます。

ちなみに、たこさんウインナーは日本人の発案です。

イギリスからドイツに輸入された蒸気機関車（レプリカ）

ICE

IC

EC

 ドイツの鉄道

Multikulti

ドイツの鉄道の歴史は、1835 年ニュルンベルクとフュルト間の約 8km の開通に始まる。使用された機関車と客車は当時の鉄道先進国イギリスから輸入したものだった。鉄道需要の増加に伴って技術も急速に向上し、日本の鉄道も、明治から大正期にかけて多くの技術をドイツから移入している。ドイツの国内外にはりめぐらされた鉄道網は、旅の重要な足となっている。ICE（Intercity-Express）はドイツの新幹線。最高時速が 300km/h に達するものもある。IC（Intercity）はドイツ国内の主要都市を結ぶ特急列車で、自転車を運ぶスペースもついている。EC（Eurocity）はドイツの主要都市と周辺各国の都市を結ぶ国際特急だ。いずれも指定席と自由席とがあるが、指定席には予約客の乗車区間が表示される仕組みになっていて、この区間外なら自由席扱いとなる。予約の表示がない座席はすべて自由席である。ドイツの鉄道は座席の利用法も合理的だ。

1 名詞の複数形

名詞の複数形の作り方には大きく分けて 5 つのタイプがあります（例外は☞ S.78）。
①〜②のタイプでは a, o, u, au が ä, ö, ü, äu になることがあります。

	① 無語尾タイプ(¨)	② e タイプ(¨)e	③ er タイプ(¨)er	④ (e)n タイプ −(e)n	⑤ s タイプ −s
単数 ↓ 複数	der Lehrer 教師 ↓ die Lehrer	der Tag 1日 ↓ die Tage	das Kind 子供 ↓ die Kinder	die Karte カード ↓ die Karten	das Auto 自動車 ↓ die Autos
単数 ↓ 複数	der Vater 父 ↓ die Väter	die Nacht 夜 ↓ die Nächte	das Buch 本 ↓ die Bücher	die Frau 女性、妻 ↓ die Frauen	das Hotel ホテル ↓ die Hotels

■**複数名詞の格変化**：複数形につく定冠詞 die は次のように格変化し、複数 3 格には -n をつけます（ただし複数 1 格が -n, -s で終わるものにはつけません）。

	複数
1 格	die Väter
2 格	der Väter
3 格	den Vätern
4 格	die Väter

複数形に性の区別はありません。

辞書の見方

Haus 田 −es / Häuser
↑ 単数 2 格　↑ 複数 1 格

2 定冠詞類

dieser（この）、jener（あの）、solcher（そのような）、welcher（どの）、jeder（どの〜も←単数形のみ）、aller（すべての）などの語は、定冠詞と似た語尾変化をするので**定冠詞類**と呼ばれます。単独で使われることもあります。

	男 性	女 性	中 性	複 数
1 格	dieser Mann	diese Frau	dieses Kind	diese Kinder
2 格	dieses Mann[e]s	dieser Frau	dieses Kind[e]s	dieser Kinder
3 格	diesem Mann	dieser Frau	diesem Kind	diesen Kindern
4 格	diesen Mann	diese Frau	dieses Kind	diese Kinder

☑ 中性 1・4 格の語尾は、定冠詞の語尾と異なるので注意。

Jener Hut ist teuer. あの帽子は高価です。　Ich nehme diesen hier. こちらのこれをもらいます。

kleine Übungen　CD-32　ちょっと練習

1 複数形（1 格）にしてみましょう。

der Onkel　der Baum　das Fahrrad　die Hose　das Handy

________　________　________　________　________

2 次の定冠詞類＋名詞を格変化させてみましょう。

1 格	*dieser Hund*	*jene Blume*	*jedes Haus*	*solche Autos*
2 格				
3 格				
4 格				

3 不定冠詞類

mein「私の」などの所有を表す語（所有冠詞）や、否定を表す語 kein「ひとつも〜ない」（否定冠詞）は、不定冠詞と同じ語尾変化をするので**不定冠詞類**と呼ばれます。

人称代名詞 ↓ 所有冠詞	ich ↓ mein 私の	du ↓ dein 君の	er ↓ sein 彼の	sie ↓ ihr 彼女の	es ↓ sein その	Sie ↓ Ihr あなたの
人称代名詞 ↓ 所有冠詞	wir ↓ unser 私たちの	ihr ↓ euer 君たちの	sie ↓ ihr 彼らの / 彼女らの / それらの			Sie ↓ Ihr あなたがたの

	男 性		女 性		中 性		複 数	
1 格	mein	Mann	meine	Frau	mein	Kind	meine	Kinder
2 格	meines	Mann[e]s	meiner	Frau	meines	Kind[e]s	meiner	Kinder
3 格	meinem	Mann	meiner	Frau	meinem	Kind	meinen	Kindern
4 格	meinen	Mann	meine	Frau	mein	Kind	meine	Kinder

☑ 複数では定冠詞類と同じ格変化になります。

Der Bruder meiner Frau ist Arzt.　私の妻の兄は医師です。

否定冠詞 kein の使い方

次の場合には、nicht ではなく kein を使います。

1) 不定冠詞つきの名詞を否定するとき

Haben Sie **ein** Auto?　—Nein, ich habe **kein** Auto.

(Nein, ich habe nicht ein Auto.) ←これは間違い

2) 無冠詞の名詞（物質名詞・抽象名詞・無冠詞の複数名詞）を否定するとき

Trinken Sie Tee?　—Nein, ich trinke **keinen** Tee.

Haben Sie Zeit?　—Nein, ich habe **keine** Zeit.

Haben Sie Kinder?　—Nein, ich habe **keine** Kinder.

ちょっと練習　CD-33　kleine Übungen

3 次の不定冠詞類＋名詞を格変化させてみましょう。

1 格	sein Computer	deine Brille	unser Zimmer	Ihre Eltern
2 格	______	______	______	______
3 格	______	______	______	______
4 格	______	______	______	______

ことばの宝箱

身につけるもの

CD-34

Ich trage eine Brille. 私はメガネをかけています。

家 族

CD-35

スポットライト CD-36 3格の目的語をとる重要動詞

Das T-Shirt gefällt mir gut.
私はその T シャツが気に入りました。

Diese Tasche gehört mir.
このカバンは私のです。

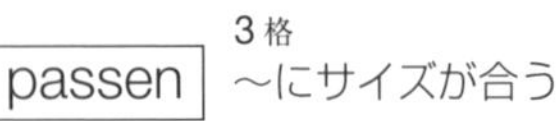

Der Hut passt mir gut.
この帽子は私にぴったりです。

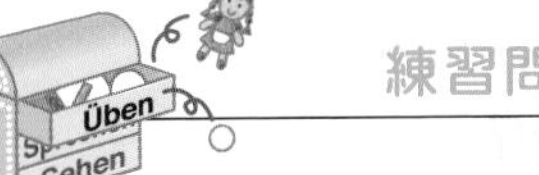

練習問題

CD-37

1 ＿＿ に（　）内の語を複数形にして入れてみましょう（冠詞はつけません）。（👀❶）

(1) Tom kauft zwei ＿＿＿＿＿＿. (Krawatte) トムは2本のネクタイを買います。

(2) Ich habe drei ＿＿＿＿＿. (Jeans) 私は3本のジーンズを持っています。

(3) Die Großmutter hat vier ＿＿＿＿＿. (Sohn) そのおばあさんには4人の息子がいます。

(4) Fünf ＿＿＿＿＿ spielen ein Spiel. (Kind) 5人の子どもたちがゲームをしています。

2 ＿＿ に定冠詞類 welch-、jed-、dies-、jen- の語尾を補いましょう。（👀❷）

(1) Welch＿＿ Bluse kaufen Sie? – Ich kaufe dies＿＿ Bluse.
どのブラウスをあなたは買いますか？ — 私はこのブラウスを買います。

(2) Welch＿＿ Hemd kaufen Sie? – Ich kaufe jen＿＿ Hemd.
どのシャツをあなたは買いますか？ — 私はあのシャツを買います。

(3) Jed＿＿ Rock hier ist schick. – Sabine kauft jen＿＿ Rock.
ここのどのスカートもしゃれています。— ザビーネはあのスカートを買います。

(4) Jed＿＿ Hose hier ist sehr gut. – Alex kauft dies＿＿ Hose.
ここのどのズボンもとても良いです。— アレックスはこのズボンを買います。

3 所有冠詞を ＿＿ に入れてみましょう。（👀❶❸）

(1) Was macht ＿＿＿＿＿ Bruder? 君の兄弟は何をしているのですか？

(2) ＿＿＿＿＿ Bruder ist Architekt. 私の兄弟は建築士です。

(3) ＿＿＿＿＿ Hobby ist Kochen. 彼の趣味は料理です。

(4) ＿＿＿＿＿ Kinder spielen gern Fußball. 私たちの子どもたちはサッカーをするのが好きです。

(5) Ich finde ＿＿＿＿＿ Büro sehr sauber. あなたの事務所はとてもきれいだと思う。

Deutsch

正しい語順に並べ替えてみましょう

CD-38 ＋α

(1) Ich (keine / habe / Geschwister) 私には兄弟姉妹がいません。
Ich ＿＿＿＿＿＿＿＿＿＿＿＿＿＿＿＿＿＿＿＿.

(2) Diese Studenten (trinken / Wein / keinen) この学生たちはワインを飲みません。
Diese Studenten ＿＿＿＿＿＿＿＿＿＿＿＿＿＿＿＿.

(3) Diese Jacke (sehr gut / gefällt / mir) 私はこの上着がとても気に入りました。
Diese Jacke ＿＿＿＿＿＿＿＿＿＿＿＿＿＿＿＿＿.

(4) Dieser Hut (passt / deiner Mutter / gut) この帽子は君のお母さんにぴったりです。
Dieser Hut ＿＿＿＿＿＿＿＿＿＿＿＿＿＿＿＿＿.

Lektion 1 Lektion 2 Lektion 3 Lektion 4 Lektion 5 Lektion 6 Lektion 7 Lektion 8 Lektion 9 Lektion 10

話してみよう Sprechen

Wie viel kostet das?

買い物

CD-39

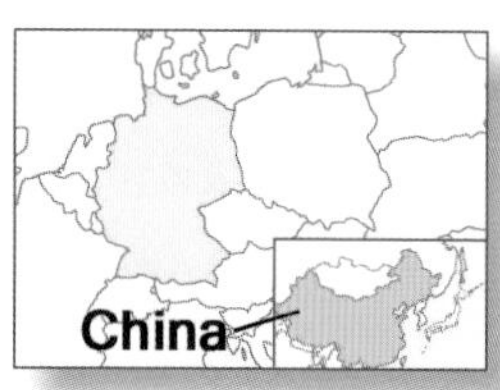

王小燕 (*Wang Xiao-Yan*、ワン・シャオイェン) は中国から来た留学生。フライブルク (Freiburg) 大学で環境政策を学んでいます。今日は街へ帽子を買いに来ました。

Verkäufer : 你好(ニーハオ)！ Wie gefällt Ihnen dieser Hut hier?

Frau Wang : Die Farben gefallen mir gut.
Wie viel kostet der?

Verkäufer : Der kostet 38,00 € (achtunddreißig Euro).

Frau Wang : Gut, den nehme ich.
Keine Verpackung, bitte!

表現のエッセンス

CD-40 「～はいくらですか」

Wie viel kostet **der** Rock? — **Der** kostet 23,40 €.

Wie viel kostet **die** Jacke? — **Die** kostet 100,10 €.

Wie viel kostet **das** T-Shirt? — **Das** kostet 7,50 €.

*1,00 € = ein Euro 男　　3,50 € = drei Euro fünfzig (Cent)

Freiburg

環境首都フライブルク

★ Schwarzwald（黒い森）
いくつもの山々からなり、主としてモミの木が樹生している広大な森。
近年、酸性雨の被害によって、この森の多くの木々が枯死してしまった。
こうした状況を受けて、フライブルクで、環境問題への本格的な取り組みが進んでいった。

家々にはソーラーシステムが
（Free Sun プロジェクト）

P&R 方式が採用されている
フライブルク市内の様子

★複雑なこの標識の意味は ?!
- 車は、歩行者と同じ速度で通行すること
- 歩行者は、道路幅のどこを歩いてもよい
- 子どもはここで遊んでよい
- 決められた場所以外での駐車は厳禁
- 通行に際しては、互いに注意すること

エコ先進国ドイツ

Multikulti

ドイツはエコ先進国。その中でもフライブルクは、1992 年にドイツ国内で行われた環境首都コンテストで優勝し、名実ともにエコ先進都市の座を射止めた。フライブルクはすでに 1984 年に市内への自動車乗り入れを制限している。その代わりに市電やバス路線の拡充を図って、P&R（パーク・アンド・ライド）方式を採用した。通勤・買物客は近郊まで車で行って駐車し、そこから公共交通機関に乗り換えて市内に入る仕組みだ。そのために Regio-Karte と呼ばれる定期券も数種類発行されていて、たとえば 1 年用の定期券では 455 €で市電・バスなどが乗り放題となる。また、フライブルク近郊の住民は自世帯が使用する電気のエネルギー源を選ぶことができるのだ。水力、バイオマス、ソーラーなどの再生可能なエネルギー源が多くの世帯で選択されている。今やフライブルクは海外からの視察団も頻繁に訪れるエコ模範都市となっている。

Lektion 1 Lektion 2 Lektion 3 Lektion 4 Lektion 5 Lektion 6 Lektion 7 Lektion 8 Lektion 9 Lektion 10

1 前置詞の格支配

前置詞は一定の名詞・代名詞と結びつきます。前置詞と何格の名詞・代名詞が結びつくのかは、それぞれの前置詞によってきまっています。これを**前置詞の格支配**といいます。

1）3格と結びつく前置詞（3格支配）

aus 〜の中から　bei 〜の所で　mit 〜と共に，〜でもって
nach 〜へ，〜の後　seit 〜以来　von 〜の，〜から，〜について
zu 〜へ　など

aus *dem* Zimmer 部屋から
mit *dem* Bus バスで
zu *der* Party パーティーへ

nach+ 地名「〜へ」
zu+ 人物・建物・催しなど「〜へ」

2）4格と結びつく前置詞（4格支配）

durch 〜を通って　für 〜のために、〜にとって
ohne 〜なしで　um 〜のまわりに　など

durch *den* Garten 庭を通って
für *meine* Frau 私の妻のために

um + 時刻「〜時に」

3）3・4格と結びつく前置詞（3・4格支配）

an 〜に／へ（上面以外の接触）　auf 〜の上に／へ（上面での接触）　hinter 〜の後ろに／へ
in 〜の中に／へ　neben 〜の横に／へ　über 〜の上方に／へ
unter 〜の下に／へ　vor 〜の前に／へ　zwischen 〜の間に／へ　9語のみ

動作の場所を表す時　→3格支配
〈 **wo?** どこに（で）〉
Wo bist du? どこにいるの？
Ich bin **in** *dem* Café. カフェ（の中）にいるよ。

動作の向かう方向を表す時　→4格支配
〈 **wohin?** どこへ〉
Wohin gehst du? どこへ行くの？
Ich gehe **in** *das* Café. カフェ（の中）へ行くよ。

2 前置詞と定冠詞の融合形

定冠詞の指示的意味（「その」）が弱いときは、前置詞と融合して1語となることがあります。

an dem → **am**　bei dem → **beim**　in das → **ins**　zu der → **zur**　など

Er geht heute Abend **ins** Kino.　彼は今晩映画を見に行く。（←どこの映画館でもよい）

☑「朝 / 昼 / 晩に」「〜曜日に」**am~** : am Morgen, am Sonntag、「月・季節」**im~** : im Mai, im Sommer

kleine Übungen　CD-41　ちょっと練習

1 意味に合う前置詞を____に入れてみましょう。

(1) ________ meinem Freund 私の友人のところへ
(2) ________ die Tür ドアの前へ
(3) ________ dem Essen 食事の後で
(4) ________ den Tisch テーブルの上へ
(5) ________ der Stadt 町の中で
(6) ________ das Auto 車の後ろへ

3 従属の接続詞と副文

dass ～ということ	ob ～かどうか	obwohl ～にもかかわらず
weil ～なので	wenn ～するとき，～ならば	など

二つの文を〈主〉と〈従〉の関係に結びつける接続詞を**従属の接続詞**といいます。従属の接続詞によって主文と結ばれた文を**副文**（従属文）といいます。

1）主文と副文はコンマで区切ります。
2）副文の中では定動詞は文末に置かれます。
3）副文は主文の前にも後ろにも置かれます。

主文 / 副文

Er kommt heute nicht, **weil** er krank **ist**.　彼は病気なので、今日は来ません。

従属の接続詞　定動詞（文末）

副文 / 主文

Weil er krank **ist**, kommt er heute nicht.　彼は病気なので、今日は来ません。

副文が主文の前に来ると、主文は
定動詞＋主語～の語順になります。

4 非人称の es

特定の意味を持たず、単なる形だけの主語として用いられる es を**非人称の es** といいます。

1）天候や時刻を表すとき

Es regnet.　雨が降る。　**Es** ist bald acht Uhr.　もうすぐ8時です。

Es ist heiß.　暑い。　**Es** wird warm.　暖かくなる。

2）熟語表現

Es gibt + 名詞の 4格　「4格 がある」

4格の名詞が単数でも複数でも
es gibt の形は変わりません。

Wo gibt **es** bitte eine Bank?　銀行はどちらにありますか？

Es gibt zwei Museen in der Stadt.　この街には美術館が2つあります。

ちょっと練習　CD-42　**kleine Übungen**

2 ＿＿に入れるのに最も適切な接続詞を右から選んでみましょう。

wenn
obwohl
dass
weil

(1) Ich glaube, ＿＿＿＿ es morgen regnet.

(2) ＿＿＿＿ das Wetter schön ist, spielen wir Fußball.

(3) Er kauft kein Auto, ＿＿＿＿ er kein Geld hat.

(4) ＿＿＿＿ er sehr müde ist, arbeitet er noch.

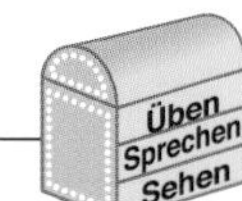

ことばの宝箱

街の様子

CD-43

die Stadt
der Dom
die Post
der Park
die Bank
links
rechts
das Café
das Restaurant
die Bushaltestelle
die Bäckerei
das Museum
das Rathaus
geradeaus
das Kaufhaus
der Bahnhof

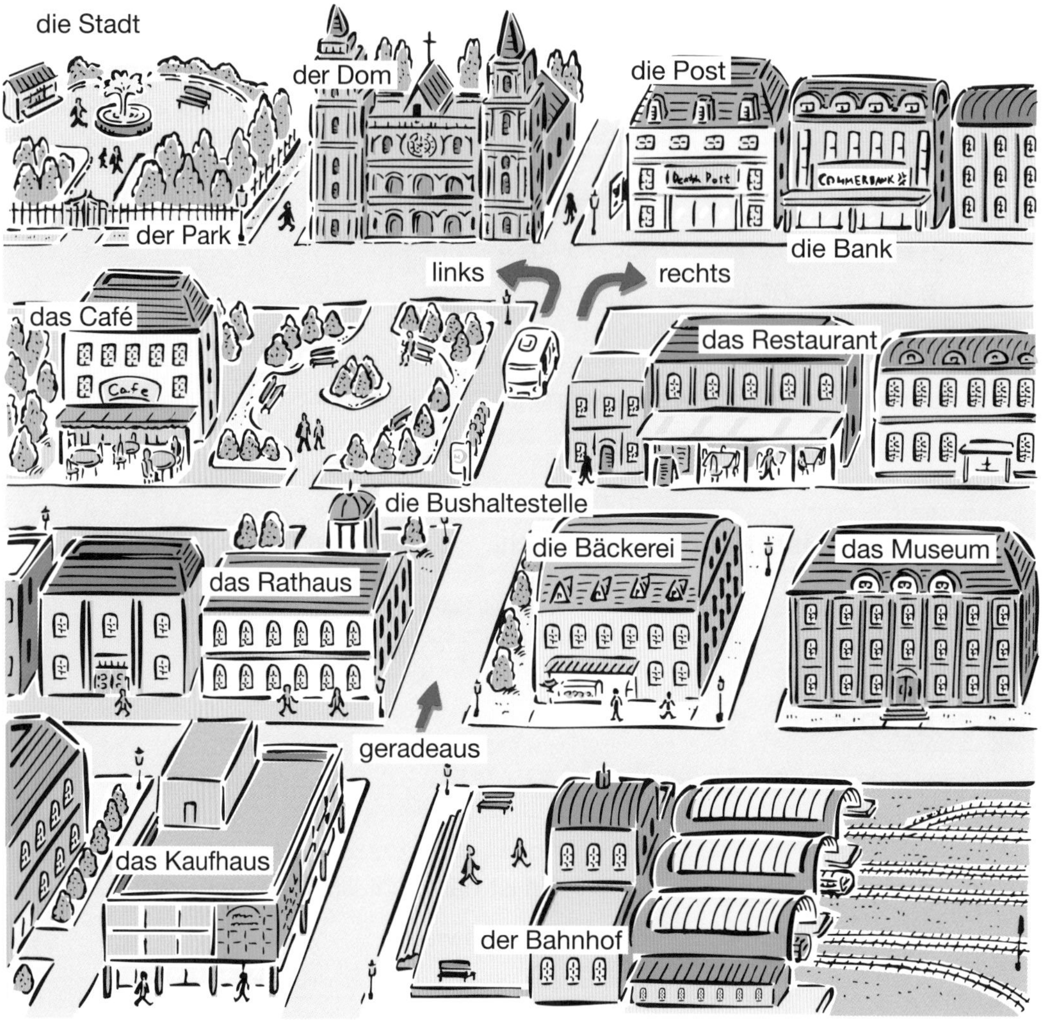

Ich gehe zur Post.　私は郵便局へ行きます。

スポットライト　CD-44　時刻の言い方

テレビ・交通機関など公共の場では 24 時間制。日常生活では 12 時間制。

Wie spät ist es? / Wie viel Uhr ist es?　何時ですか？
— Es ist dreizehn Uhr. / Es ist eins.　13 時 / 1 時です。

〈24 時間制〉		〈12 時間制〉
dreizehn Uhr	13 時 / 1 時	eins
dreizehn Uhr fünf	13 時 5 分 / 1 時 5 分すぎ	fünf nach eins
dreizehn Uhr dreißig	13 時 30 分 / 1 時半	halb zwei
dreizehn Uhr fünfundvierzig	13 時 45 分 / 2 時 15 分前	Viertel vor zwei
vierzehn Uhr	14 時 / 2 時	zwei

nach~	~すぎ
vor~	~前
halb	半分 = 30 分
ein Viertel	4 分の 1 = 15 分

「2 時の方へ 30 分進んだ」という意味。すでに消え失せた時間ではなく、前で待機している時刻で表現するのがドイツ流。

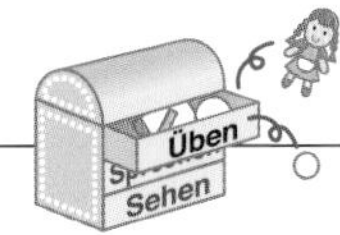
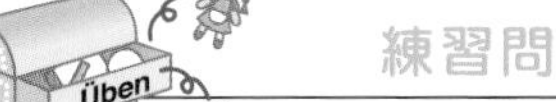

練習問題

CD-45

1 ＿＿ に適切な前置詞を [　　] の中から選んで入れてみましょう。(❶)

[auf　bei　für　mit　nach　vor]　前置詞はすべて使いましょう。

(1) ＿＿ dem Essen spielen wir Karten.　食事の後、私たちはトランプをします。

(2) Ich fahre ＿＿ dem Motorrad zur Bank.　私はバイクで銀行へ行きます。

(3) Seit einer Woche arbeitet sie ＿＿ der Bäckerei.　一週間前から彼女はパン屋で働いています。

(4) Dieses Auto ist zu teuer ＿＿ mich.　この車は私にとっては高すぎます。

(5) Er steht ＿＿ der Post.　彼は郵便局の前に立っています。

(6) Sie stellt den Teller ＿＿ den Tisch.　彼女は皿をテーブルの上へ置きます。

2 日本語にあわせて [　　] 内の文を従属の接続詞の後に続けてみましょう。(❷❸❹)

(1) 私は彼女がいずれパン職人になればいいなと思っています。[sie wird einmal Bäckerin]

Ich hoffe, dass ＿＿＿＿＿＿＿＿＿＿＿＿＿＿＿＿.

(2) 暑いので私たちは泳ぎに行きます。[es ist heiß]

Wir gehen schwimmen, weil ＿＿＿＿＿＿＿＿＿＿＿＿.

(3) 病気であるにもかかわらず、彼は大学へ行きます。[er ist krank]

Er geht zur Uni, obwohl ＿＿＿＿＿＿＿＿＿＿＿＿＿.

(4) 明日、雨が降らなければ私たちはテニスをします。[es regnet morgen nicht]

Wenn ＿＿＿＿＿＿＿＿＿＿＿＿＿＿＿, spielen wir Tennis.

Deutsch

正しい語順に並べ替えてみましょう　CD-46　+α

(1) (ohne / Kaffee / Milch / trinke / immer)
私はコーヒーをいつもミルクを入れないで飲みます。
Ich ＿＿＿＿＿＿＿＿＿＿＿＿＿＿＿＿＿＿＿＿.

(2) (weil / sie / bleibt / ist / zu Hause / krank)
彼女は病気なので家にいます。
Sie ＿＿＿＿＿＿＿＿, ＿＿＿＿＿＿＿＿＿＿＿＿.

(3) (wissen / Japaner / sie / wir / nicht / sind)
私たちが日本人であることを彼らは知りません。
Dass ＿＿＿＿＿＿＿＿＿＿, ＿＿＿＿＿＿＿＿＿＿.

Lektion 1 Lektion 2 Lektion 3 Lektion 4 Lektion 5 Lektion 6 Lektion 7 Lektion 8 Lektion 9 Lektion 10

話してみよう Sprechen

Wo gibt es bitte eine Bank?

チューリヒの町で CD-47

カルロス（*Carlos Ochoa*（オチョア））はチューリヒ（Zürich）に住んでいるスペイン人銀行員。彼は道で旅行者に話しかけられました。

Tourist : Entschuldigung, wo gibt es bitte eine Bank?

Carlos : Da gehen Sie hier geradeaus.
Dann sehen Sie einen Supermarkt.
Hinter dem Supermarkt ist die Bank.

Tourist : Vielen Dank!

Carlos : Bitte schön! Adiós（アディオース）.

表現のエッセンス

CD-48 「～はどこにありますか」

Wo ist die Bank? 銀行はどこにありますか？
________________ ist die Bank.

（1）Hinter dem Supermarkt

（2）Neben der Post

（3）Vor dem Café

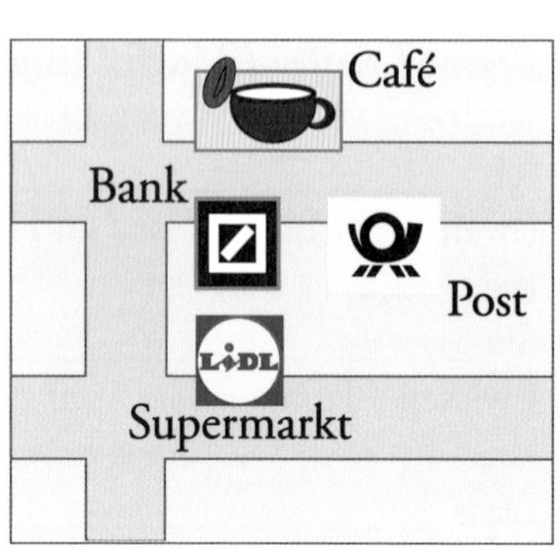

Zürich
金融と文化の町

リマート川とチューリヒの街並

★世界一住みやすい街は？
1位：チューリヒ（スイス）
2位：コペンハーゲン（デンマーク）
3位：東京
4位：ミュンヘン（ドイツ）

2009年、英誌「モノクル」調べ
評価の基準には、公共交通機関の整備や、安全性、医療、教育、映画館の数などを総合的に評価した結果である。
「日本も捨てたもんじゃない!!」、と考えるか、
「スイスに住みたい!」、と思うか、
それはあなたの将来に対する姿勢の現れかも?!

チューリヒ美術館

チューリヒ歌劇場

スイス国立博物館

国土の6割を占めるアルプス山脈

チューリヒといえば…
アインシュタイン（1879～1955）の出身大学がある都市。彼はギムナジュウムを中退後、スイス連邦工科大学チューリッヒ校を受験するも、語学や歴史の成績が奮わず不合格となるが、数学と物理が最高点であったことから、学長直々に再受験を勧められ、翌年ようやく合格した。

「成功した人間になろうとするな。
価値のある人間になろうとせよ。」
彼の格言です。

スイス銀行と守秘義務 

Multikulti

一般にスイス銀行とは、秘密口座をもつプライベートバンクのことである。この銀行の特異性は、世界の富豪に愛されてきた長い伝統と実績もさることながら、高い水準の守秘義務規定にある。顧客の情報はこの規定によって完全に守られ、犯罪と認められない限り、いかなる権力も顧客情報の開示を求めたり、強制的に閲覧することは許されない。入金は口座番号さえ知っていれば誰にでもできる。顧客にとってこれほど都合のいい銀行はないので、世界中からあらゆる種類の金が流入し、ときに世の耳目をひいたりするのだ。第二次世界大戦中のナチスの資産流入がその典型である。近年、スイスの看板、守秘義務が大きく揺らいでいる。脱税目的の国外預金を捕捉しようとするEUから撤廃を迫られているのだ。鉄壁を衝こうとするEU、これを死守しようとするスイス、両者の駆け引きは当分続くであろう。

1 話法の助動詞

動詞をおぎなって、その動詞に〈許可、可能、義務、願望〉などの意味をつけ加える助動詞を**話法の助動詞**といいます。英語とは異なり、話法の助動詞も現在人称変化します。

不定詞	dürfen	können	müssen	sollen	wollen	mögen	möchte
主な意味	～してもよい	～できる	～ねばならない ～にちがいない	～すべきだ	～しようと思う	～だろう ～を好む	～したいのですが
ich	darf	kann	muss	soll	will	mag	möchte
du	darfst	kannst	musst	sollst	willst	magst	möchtest
er/sie/es	darf	kann	muss	soll	will	mag	möchte
wir	dürfen	können	müssen	sollen	wollen	mögen	möchten
ihr	dürft	könnt	müsst	sollt	wollt	mögt	möchtet
sie/Sie	dürfen	können	müssen	sollen	wollen	mögen	möchten

☑ 単数 1 人称 (ich) と 3 人称 (er/sie/es) は同じ形です。

■話法の助動詞が定動詞として用いられると、動詞は不定詞の形で文末に置かれます。

Ich spiele Klavier. 　私はピアノを弾きます。

Ich kann Klavier **spielen**. 　私はピアノを弾くことができます。
助動詞（定動詞）　不定詞（文末）

■動詞として単独で用いられる場合もあります。

Er kann gut Deutsch. 　彼はドイツ語がよくできます。
Ich mag Filme. 　私は映画が好きです。
Ich möchte Kaffee. 　コーヒーが欲しいのですが。

注意すべき用法
nicht dürfen 「～してはいけない」
nicht müssen 「～する必要はない」
Können Sie~? 「～してくださいませんか」
Wollen wir~? 「～しませんか」

kleine Übungen CD-49 　**ちょっと練習**

1 ___に話法の助動詞を現在人称変化させましょう。

(1) Du d_________ hier nicht rauchen. 　君はここでタバコを吸ってはいけません。

(2) Lale k_________ sehr gut singen. 　ラーレはとても上手に歌うことができます。

(3) Ich m_________ am Sonntag arbeiten. 　私は日曜日に働かなければなりません。

(4) W_________ wir ins Café dort gehen? 　あそこのカフェに行きませんか？

2 分離動詞

〈アクセントのある前つづり + 基礎動詞〉の形をした動詞を**分離動詞**といいます。
辞書の見出し語には、前つづりと基礎動詞の間にタテに分離線が入っています。

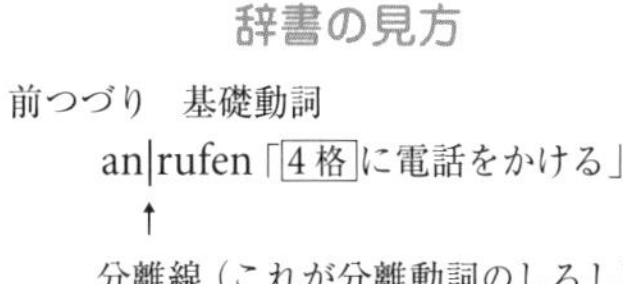

■分離動詞が主文で定動詞として用いられたとき：

1) 基礎動詞が主語に応じて人称変化します。

2) 前つづりは文末に置かれます。

Rufe ihn heute Abend **an**!　今晩彼に電話をかけなさい。

■分離動詞が分離しないとき：

wissen	
ich	weiß
du	weißt
er	weiß

1) 副文において

Sie weiß, **dass** ich ihn heute Abend **anrufe**.
彼女は、私が今夜彼に電話をすることを知っています。

2) 助動詞とともに用いられるとき

Ich **muss** ihn heute Abend **anrufen**.
私は今夜彼に電話をかけなければなりません。

上の二つが合わさったとき
Sie weiß, **dass** ich ihn heute Abend **anrufen muss**.
彼女は、私が今夜彼に電話をかけなければならないことを知っています。

ちょっと練習　CD-50 kleine Übungen

2 (　　) 内の分離動詞を現在人称変化させて＿＿に入れてみましょう。

(1) Ich ＿＿＿＿＿ im Supermarkt ＿＿＿＿.　(ein|kaufen)　買い物をする

(2) Er ＿＿＿＿＿ aus dem Zug ＿＿＿＿.　(aus|steigen)　（乗り物から）降りる

(3) Wann ＿＿＿＿＿ das Fußballspiel ＿＿＿＿?　(an|fangen)　始まる

(4) Wir ＿＿＿＿＿ dich zur Party ＿＿＿＿.　(ein|laden)　招待する

Üben Sprechen Sehen

ことばの宝箱

大学の教室で

CD-51

zur Uni gehen 大学へ行く
eine Vorlesung hören 受講する
am Unterricht teilnehmen 授業に出席する
 Nimmst du heute am Unterricht teil? 今日授業に出るの？

スポットライト CD-52 不定代名詞 man

ドイツ語の man は「男」ではなく、漠然と「人」を表す３人称単数扱いの代名詞です。er で受けることはできず、man を繰り返します。訳には表さないことが多いです。

Darf man hier parken? ここに駐車していいですか？
—Ja, man darf hier parken. はい、ここに駐車してもいいです。

man （漠然と）人

der Mann 男、夫

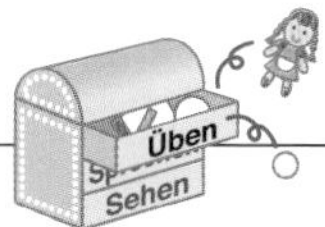

練習問題

CD-53

1 ＿＿ に（　）内の話法の助動詞を現在人称変化させてみましょう。（👀❶）

(1) ＿＿＿＿ ich etwas fragen? (dürfen)　質問してもいいですか？

(2) Du ＿＿＿＿ nicht zu spät kommen. (dürfen)　君は遅刻してはいけません。

(3) Tom ＿＿＿＿ Deutsch sprechen. (können)　トムはドイツ語を話すことができます。

(4) Ich ＿＿＿＿ diese Vorlesung hören. (müssen)　私はこの講義を受講しなければなりません。

(5) Du ＿＿＿＿ die Prüfung machen. (sollen)　君は試験を受けるべきです。

(6) Er ＿＿＿＿ Biologie studieren. (wollen)　彼は生物学を専攻するつもりです。

(7) Ich ＿＿＿＿ etwas essen. (möchte)　何か食べたいのですが。

2 （　）内の分離動詞を現在人称変化させて ＿＿ に入れてみましょう。（👀❷）

(1) Ich ＿＿＿＿ morgens um 6 Uhr ＿＿＿. (auf|stehen)　私は朝6時に起きます。

(2) Der Zug ＿＿＿＿ pünktlich ＿＿＿. (an|kommen)　列車は定時に到着します。

(3) Wo ＿＿＿＿ ihr ＿＿＿? (aus|steigen)　君たちはどこで降りるの？

(4) Er ＿＿＿＿ heute am Seminar ＿＿＿. (teil|nehmen)　彼は今日ゼミに出席します。

(5) Wann ＿＿＿＿ die Vorlesung ＿＿＿? (an|fangen)　講義はいつ始まりますか？

Deutsch

正しい語順に並べ替えてみましょう

CD-54　＋α

(1) (kommen / Berlin / aus / muss)
その教授はベルリン出身にちがいありません。
Der Professor ＿＿＿＿＿＿＿＿＿＿＿＿＿＿＿＿.

(2) (heute Abend / ins Kino / gehen / wir)
今晩映画を見に行きませんか？
Wollen ＿＿＿＿＿＿＿＿＿＿＿＿＿＿＿＿?

(3) (im Supermarkt / ein / ich / kaufe)
毎日私はスーパーマーケットで買い物をします。
Jeden Tag ＿＿＿＿＿＿＿＿＿＿＿＿＿＿＿＿.

話してみよう Sprechen

Ich möchte ins Kino gehen.

映画を見に行きたい　CD-55

ベルリン（Berlin）のカフェで、映画好きのトルコ人大学生ラーレ（*Lale Husari*）が、友達のアクセル（*Axel Lutz*）と映画について話しています。

Axel　: Welche Filme gefallen dir?

Lale　: Jetzt sehe ich gern die Filme unter der Regie von Fatih Akın*. Ich empfinde für ihn Sympathie, weil ich eigentlich Türkin bin.

Axel　: Ich möchte einmal seine Filme sehen.

Lale　: Wollen wir morgen ins Kino gehen?
Ich rufe dich heute Abend an.

* ファティ・アキン：1973 年、トルコ人移民二世としてハンブルクに生まれた映画監督・脚本家・俳優。2004 年『愛より強く（Gegen die Wand）』でベルリン国際映画祭（Berlinale）金熊賞を受賞。2009 年 „Soul Kitchin“ でヴェネツィア国際映画祭審査員特別賞を受賞。

表現のエッセンス

CD-56　「～したいです」

Was möchtest du machen?　何をしたい？
Ich möchte ins Kino gehen.　映画を見に行きたい。

ins Konzert　in die Oper　ins Theater

gehen

einkaufen　schwimmen

die Türkei

トルコ

オスマン帝国の国章

⇨

オスマン帝国の国旗
（現在のトルコの国旗でもある）

形が似てるよね！⇨

★トルコとクロワッサン

時は1683年、オスマントルコ軍がヴィーンを包囲しようと軍を進めていたとき…。
その日も夜も明けぬ早朝から、ひとりのパン職人が地下室でパンの仕込みをしていました。すると聞き慣れない音が遠くから聞こえてくるではありませんか。彼はもしかしたら敵が攻めて来たのではと思い、急いで味方の軍隊に通報しました。まさにそれはヴィーンに接近中のオスマン軍がトンネルを掘る音だったのです。

通報が功を奏してオスマン軍は敗退。これを喜んだパン職人は、オスマン軍の旗印をかたどった三日月型のパンを作ってヴィーンの勝利を祝ったのです。一説では、これがクロワッサンの原型といわれています。ヴィーン生まれのこのパンをフランスに伝えたのはマリー・アントワネットだそうです。

★トルコを受容したオーストリアとドイツ

かつてはオスマントルコ軍を撃退したヴィーン。でも今はオーストリアもドイツも、労働力不足を補うために大勢のトルコ人労働者を受け入れている。これも歴史の皮肉？

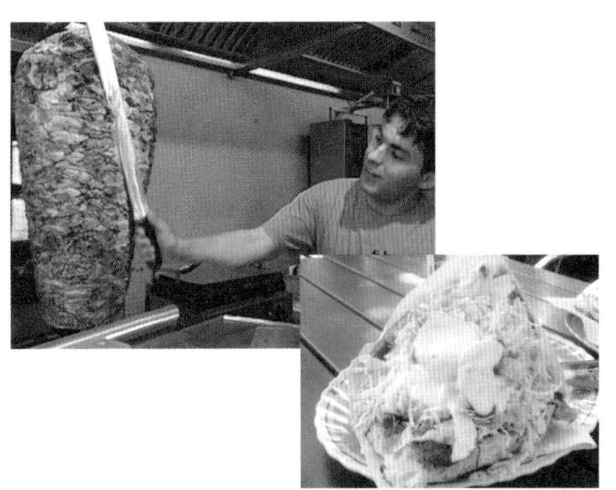

★肉といえば !!

現在ドイツでは、トルコのケバブがソーセージに次いで人気のファストフードになっている。時の流れとはこういうもの ?!

ドイツ映画の現在

Multikulti

ファティ・アキン監督『愛より強く』の主人公ジャイドはトルコ系ドイツ人。妻を亡くした悲しみから酒とドラッグに溺れ、とうとう自殺を図る。未遂に終わって収容された病院で、同じトルコ系ドイツ人の若い女性ジベルと知り合う。西欧的な自由に憧れる彼女は、保守的な家族から逃れるために自傷行為を繰り返していたのだ。そんなジベルがある日ジャイドに偽装結婚をもちかける…。
近年のドイツ映画は、ナチズム批判を正面から描く重苦しい雰囲気からややシフトし、コミカルなタッチを取り入れながら、現在のドイツやヨーロッパの現実を多面的に描きはじめている。『ブエナ・ビスタ・ソシアル・クラブ』（ヴィム・ヴェンダース監督、1999年）、『グッバイ・レーニン！』（ヴォルフガング・ベッカー監督、2003年）、そしてハンス・ヴァインガルトナー監督の『ベルリン、僕らの革命』（2004年）などは必見だ。

1 形容詞の格変化

形容詞が名詞の前に置かれて名詞を修飾するときには、名詞の性・数・格に応じて語尾が変化します。語尾変化には次の３つのパターンがあります。

1) 強変化…〔冠詞類なし〕形容詞 語尾 + 名詞　　男性と中性の 2 格以外の語尾は定冠詞類の形です。

	男性　おいしいコーヒー	女性　おいしいバター	中性　おいしいパン	複数　おいしい飲み物
1 格	guter Kaffee	gute Butter	gutes Brot	gute Getränke
2 格	guten Kaffees	guter Butter	guten Brot[e]s	guter Getränke
3 格	gutem Kaffee	guter Butter	gutem Brot	guten Getränken
4 格	guten Kaffee	gute Butter	gutes Brot	gute Getränke

Ich trinke gern guten Kaffee.　私はおいしいコーヒーを飲むのが好きです。

2) 弱変化… 定冠詞(類) + 形容詞 語尾 + 名詞　　語尾は -e と -en の 2 種類です。

	男性　その赤いスカート	女性　その赤いブラウス	中性　その赤いシャツ	複数　その赤いワンピース
1 格	der rote Rock	die rote Bluse	das rote Hemd	die roten Kleider
2 格	des roten Rock[e]s	der roten Bluse	des roten Hemd[e]s	der roten Kleider
3 格	dem roten Rock	der roten Bluse	dem roten Hemd	den roten Kleidern
4 格	den roten Rock	die rote Bluse	das rote Hemd	die roten Kleider

Wie findest du diese roten Kleider?　この赤いワンピースをどう思う？

3) 混合変化… 不定冠詞(類) + 形容詞 語尾 + 名詞　　男性 1 格、中性 1・4 格の語尾に注意しましょう。

	男性　一台の古い列車	女性　ひとつの古い時計	中性　一軒の古い家	複数　私の古いクツ
1 格	ein alter Zug	eine alte Uhr	ein altes Haus	meine alten Schuhe
2 格	eines alten Zug[e]s	einer alten Uhr	eines alten Hauses	meiner alten Schuhe
3 格	einem alten Zug	einer alten Uhr	einem alten Haus	meinen alten Schuhen
4 格	einen alten Zug	eine alte Uhr	ein altes Haus	meine alten Schuhe

Gibt es hier kein frisches Brot?　ここには焼きたてのパンはないの？

☞形容詞の名詞化については S.79

kleine Übungen　CD-57　ちょっと練習

1 次の表を完成させてみましょう。

	新鮮なミルク	そのおいしいチーズ	一個のゆでたまご
1 格	frische Milch	________	________
2 格	________	________	eines gekochten Ei(e)s
3 格	________	________	________
4 格	________	den guten Käse	________

2 zu 不定詞（句）

不定詞（動詞の原形）の直前に zu をつけたものを **zu 不定詞**といいます。
ただし、分離動詞の場合には zu を前つづりと基礎動詞の間に入れ、全体を 1 語で書きます。

zu 不定詞に副詞や目的語など他の語句を結びつけたものを **zu 不定詞句**といいます。zu 不定詞句の中では zu 不定詞が必ず最後に置かれます。

分離動詞の場合には、前つづりと基礎動詞の間に zu を入れます。

zu 不定詞句の主な用法

1）主語として

Musik zu hören macht Spaß. 音楽を聞くのは楽しい。
= Es macht Spaß, Musik zu hören.（es は仮の主語） 音楽を聞くのは楽しい。

zu 不定詞句は、文の他の部分とコンマで区切ることがあります。

2）目的語として

Er hat vor, morgen einen Ausflug zu machen. 彼は明日ハイキングへ行くつもりです。

3）名詞の内容を説明して

Ich habe die Gewohnheit, früh aufzustehen. 私には早く起きる習慣があります。

4）um, ohne, statt と結びついて

um…zu 不定詞「～するために」 ohne…zu 不定詞「～することなしに」 statt…zu 不定詞「～する代わりに」

Ich spare Geld, **um** ein neues Handy **zu** kaufen. 私は新しい携帯を買うためにお金を貯めます。
Wir können nicht leben, **ohne zu** essen. 私たちは食べずには生きられません。
Sie ruft ihn an, **statt** ihm einen Brief **zu** schreiben. 彼女は彼に手紙を書く代わりに電話をかけます。

ちょっと練習 CD-58 kleine Übungen

2 次の語句を zu 不定詞句にしてみましょう。

(1) grünen Tee trinken 緑茶を飲む → ____________________

(2) Lebensmittel ein|kaufen 食料品を買い入れる → ____________________

(3) meinen Onkel besuchen 私のおじを訪問する → ____________________

(4) in Berlin an|kommen ベルリンに到着する → ____________________

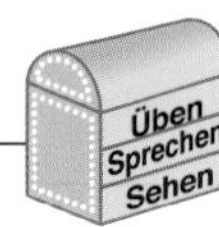

ことばの宝箱

食べもの　CD-59

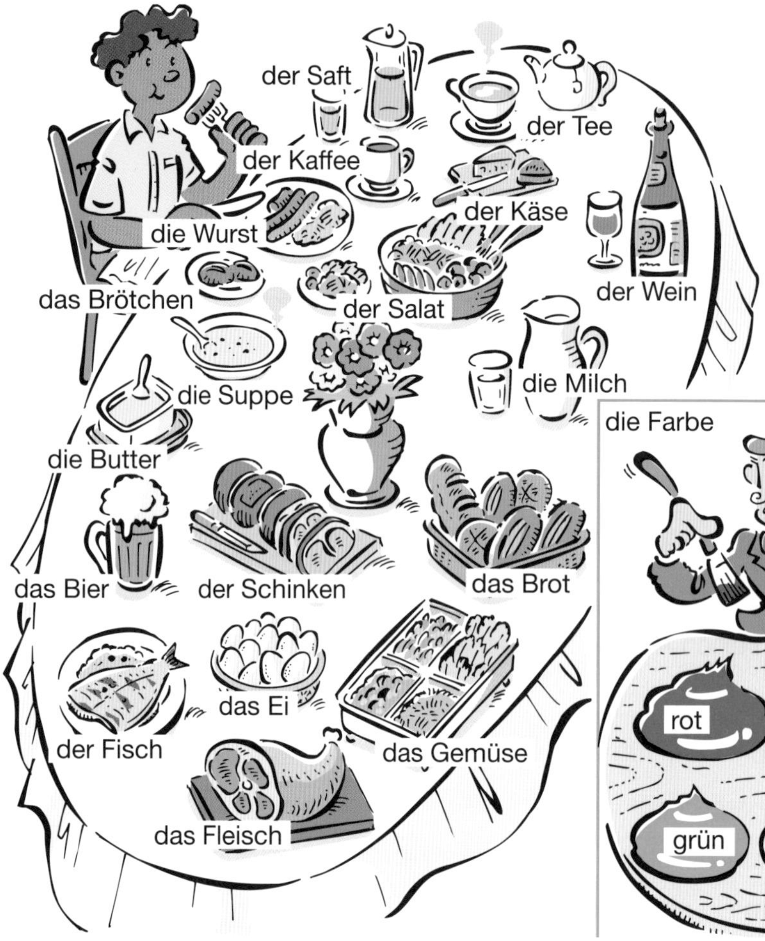

der Saft
der Tee
der Kaffee
der Käse
die Wurst
der Wein
das Brötchen
der Salat
die Suppe
die Milch
die Butter
das Bier
der Schinken
das Brot
das Ei
der Fisch
das Gemüse
das Fleisch

色　CD-60

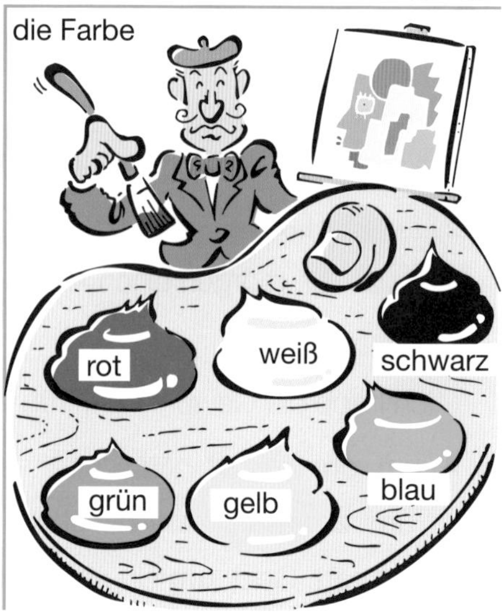

die Farbe
rot
weiß
schwarz
grün
gelb
blau

Guten Appetit!　［おいしく］召し上がれ／いただきます。

スポットライト　CD-61　「どんな種類の？」「どのような？」

Was für eine Kamera ist das?　それはどんなカメラですか。
—Das ist eine Digitalkamera.　それはデジタルカメラです。

für の後には不定冠詞 ein のついた名詞（複数名詞や物質名詞などは無冠詞）がきますが、その格は前置詞 für（4 格支配）とは無関係に、文中の役割に応じてきまります。上の例文の eine Kamera は 1 格です。

Üben 解いてみよう

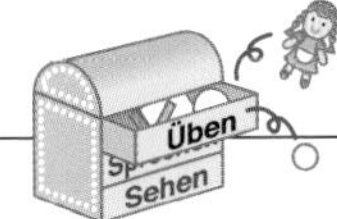

CD-62

1 ＿＿ に適切な形容詞の格変化語尾を入れてみましょう。（❶）

(1) Anna backt gut＿＿ Brot.（おいしいパンを）

(2) Die deutsch＿＿ Wurst schmeckt sehr gut.（そのドイツのソーセージは）

(3) Die gelb＿＿ Bluse gefällt mir.（その黄色いブラウスが）

(4) Das ist das Haus meiner nett＿＿ Tante.（私の優しいおばの）

(5) Zum Frühstück esse ich immer ein gekocht＿＿ Ei.（ゆで卵を）

(6) Er schenkt seinem alt＿＿ Onkel einen Hut.（彼の高齢のおじに）

(7) Sie trinkt sehr gern grün＿＿ Tee.（緑茶を）

2 (　　) 内の語句を zu 不定詞句にして ＿＿ に入れてみましょう。（❷）

(1) ＿＿＿＿＿＿＿＿, macht mir großen Spaß. (klassische Musik hören)

クラシック音楽を聴くことはとても楽しいです。

(2) Sie hat keine Zeit, ＿＿＿＿＿＿＿＿. (ins Kino gehen)

彼女は映画を見に行く暇がありません。

(3) Hast du vor, ＿＿＿＿＿＿＿＿? (am Seminar teil|nehmen)

君はゼミナールに参加するつもり？

(4) Es ist mein Wunsch, ＿＿＿＿＿＿＿＿. (einmal in Wien studieren)

いつかヴィーンで勉強することが私の願いです。

(5) Ich schicke ihr eine E-Mail, statt ＿＿＿＿＿＿＿＿. (sie an|rufen)

私は彼女に電話をする代わりに E メールを送ります。

Deutsch 正しい語順に並べ替えてみましょう　CD-63　＋α

(1) (für / kaufen / einen Hut / Sie)
あなたはどんな帽子を買いますか？
Was ＿＿＿＿＿＿＿＿＿＿＿＿＿＿＿＿?

(2) (zu / einen Ausflug / ist / meinen Freunden / machen / mit)
ぼくの趣味は友人たちとハイキングへ行くことです。
Mein Hobby ＿＿＿＿＿＿＿＿＿＿＿＿＿＿＿＿.

(3) (besuchen / meinen Onkel / habe / keine Zeit / zu)
私はおじを訪問する暇がありません。
Ich ＿＿＿＿＿＿＿＿＿＿＿＿＿＿＿＿.

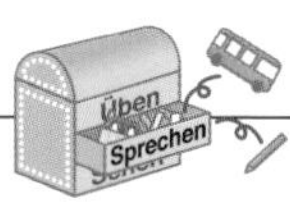

話してみよう Sprechen

Es ist mein Wunsch, einmal Bäckerin zu werden.

私のねがい CD-64

アミ（田中亜美）はドイツパンに魅せられてミュンヘン（München）に来ています。友だちのレオン（*Leon Werner*）に将来の夢を話します。

Leon : Was isst du zum Frühstück?

Ami : Zum Frühstück esse ich immer Brötchen mit Käse und grünen Salat. Ich trinke schwarzen Kaffee dazu.

Leon : Ach so. Du isst gern deutsch, nicht wahr?

Ami : Ja, deutsches Brot schmeckt sehr gut.
Es ist mein Wunsch, einmal Bäckerin zu werden.

Leon : Oh, fantastisch!

表現のエッセンス

CD-65 「何を食べる？」

Was isst du zum Frühstück / zu Mittag / zu Abend?

Zum Frühstück esse ich Brötchen. Ich trinke Kaffee dazu.

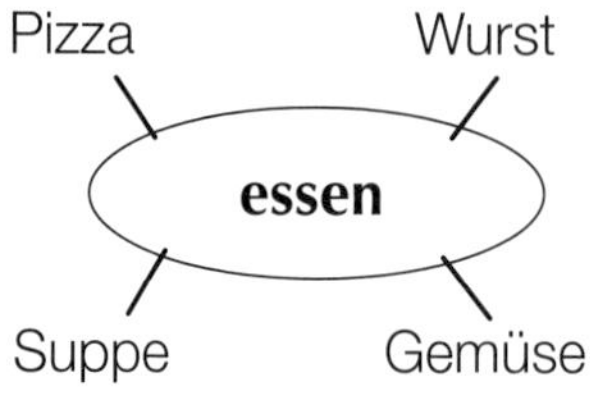

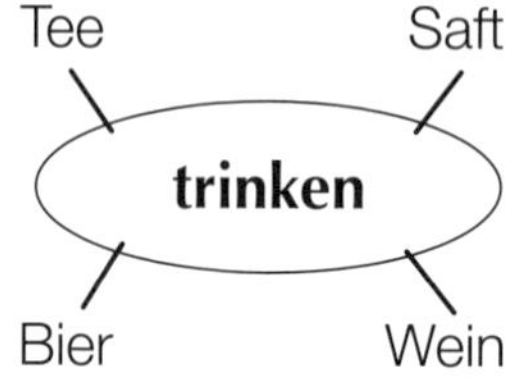

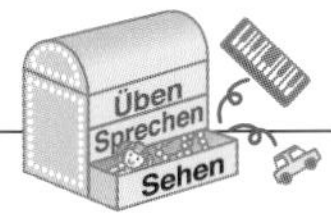

Essgewohnheiten

食習慣

ドイツのパン屋

スーパーマーケットの
パン売り場

ドイツの夜は冷たいぞ
ドイツ人の食事は昼食が主食であり、夕食はハム、ソーセージ、チーズ、黒パンといったもので済ませるのが一般的である。それらは大体が冷たい食品なので、kaltes Essen（冷たい食事）と呼ばれている。

スーパーマーケットの
ソーセージ売り場

ハム売り場

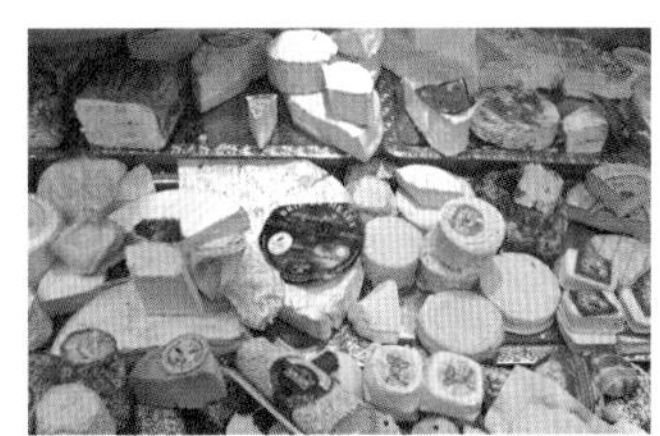

チーズ売り場

★ウェルネス運動
ドイツといえば、ビールを思い浮かべる人は少なくないはず。
しかし、近年わずかではあるがビールの消費量が減り続けている。その代わりに、ミネラルウォーターの消費量はウナギ登りという。背景には、栄養、運動、休養の調和を図り健康づくりを行うウェルネス運動があるようだ（ちなみに、ヨーロッパでは、水は買うのが一般的です）。
ドイツの街々では、大がらなドイツ人が自転車で移動しているのをよく目にします（ちなみに、ドイツ人の平均身長は、なんと、男性 181cm、女性 168cm です）。

ドイツ人とパン

Multikulti

ドイツ人のパン好きはヨーロッパ随一である。1 人あたり年平均 80kg を消費するというのだから驚きだ。これは日中におおよそ 4 枚の薄切りパンと丸い小型の白パン（Brötchen）1 個を食べるということだ。ドイツ人の生活はパンと共にある。朝食用に焼きたてのパンを買いにくる人のためにパン屋（Bäckerei）は明け方にパンを焼き、午前 6 時頃にはもう店を開ける。表面にケシの実やゴマを振りかけて焼いたブレートヒェンや、黒パン、褐色パン、トーストパン、クロワッサンに似た三日月型をしたヘルンヒェン（Hörnchen）、8 の字型で塩粒をまぶしたブレーツェル（Brezel）など、種類も非常に豊富だ。朝食にはふつうブレートヒェンを食べることが多い。これはナイフで横に切って、バターやジャムを塗ったり、ハムやチーズをのせて食べる。夕食には黒パンを食べる。ビールやシャンパンのつまみとして好まれるブレーツェルは、字が読めない人の数もはるかに多かった中世初期以来、今日までパン屋の看板として使われ続けている。麦文化の代表、ドイツパンの世界は奥が深い。ドイツパンをぜひ一度味わってみては？

1 動詞の 3 基本形

不定詞（動詞の原形）、過去基本形、過去分詞の三つを**動詞の 3 基本形**といいます。
過去基本形と過去分詞の変化のタイプによって、規則動詞と不規則動詞に分けられます。

	不定詞	過去基本形	過去分詞
規則動詞	―**en**	―**te**	**ge**―**t**
	kauf**en** wart**en**	kauf**te** wart**ete***	**ge**kauf**t** **ge**wart**et***
不規則動詞	―**en**	×―	**ge**―×―**en**
	fahr**en** komm**en**	fuhr kam	**ge**fahr**en** **ge**komm**en**
	―**en**	―×―**te**	**ge**―×―**t**
	denk**en**	dach**te**	**ge**dach**t**
最重要動詞	sein haben werden	war hatte wurde	gewesen gehabt geworden
分離動詞	ab|fahren an|kommen	fuhr…ab kam …an	ab**ge**fahr**en** an**ge**komm**en**

* 語幹が -d / -t で終わる動詞は、発音の都合で e を入れます。

分離動詞の過去分詞は、基礎動詞の前に前つづりをつけ、1 語で書きます。

不規則動詞は語幹が変化するので教科書、辞書の巻末の変化表で確認しましょう。

■注意すべき動詞の 3 基本形：過去分詞に ge- をつけない動詞

・アクセントのない前つづり be-, emp-, ent-, er-, ge-, ver-, zer- などで始まる非分離動詞。

・-ieren で終わる動詞（アクセントは ie にあり、語尾はすべて規則動詞と同じです）。

不定詞	過去基本形	過去分詞
besuch**en** **ver**steh**en** stud**ieren**	**be**such**te** **ver**stand stud**ierte**	**be**such**t** **ver**stand**en** stud**iert**

kleine Übungen CD-66 ちょっと練習

1 次の動詞の 3 基本形を書いてみましょう (* は不規則動詞)。

不定詞	過去基本形	過去分詞
(1) machen	________________	________________
(2) wissen*	________________	________________
(3) bekommen*	________________	________________
(4) an|rufen*	________________	________________

2 現在完了

ドイツ語では、「～しました」というように、日常会話で過去の出来事を話す場合には、現在完了が好んで使われ、過去を表す副詞（gestern「昨日」、letzte Woche「先週」など）と一緒に用いることができます。現在完了は現在の立場から過去の出来事を話すので、生き生きとした表現になります。

■現在完了の形

完了の助動詞 **haben** または **sein** の現在人称変化 + ………過去分詞 .
〔定動詞〕　　　　　　　　　　〔文末〕

Was **hast** du gestern **gemacht**? 君は昨日何をしたの？
Ich **bin** letzte Woche nach Polen **gefahren**. 私は先週ポーランドへ行きました。
Haben Sie ihn **verstanden**? 彼の言うことがわかりましたか？
Der Zug **ist** um 10 Uhr in Köln **angekommen**. 列車は10時にケルンに着きました。

・他動詞は4格の目的語をとる動詞。
・自動詞は4格の目的語をとらない動詞。

■haben を用いるのか sein を用いるのか？

haben を用いる動詞 ：すべての他動詞と大部分の自動詞
sein を用いる動詞 ： 1）場所の移動を表す自動詞：gehen, fahren, kommen など
2）状態の変化を表す自動詞：sterben, wachsen, werden など
3）その他 ：sein, bleiben など

辞書の見方
sein を用いる動詞は gehen〔完了 sein〕/（s）のように示されています。

ちょっと練習 **kleine Übungen**

2 次の動詞を現在完了にする場合、助動詞が haben か sein か確かめてみましょう。

(1) lernen ______________　(5) fliegen ______________
(2) finden ______________　(6) teil|nehmen ______________
(3) wohnen ______________　(7) fallen ______________
(4) auf|stehen ______________　(8) laufen ______________

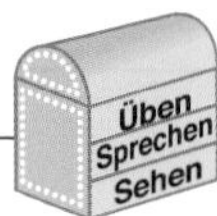

ことばの宝箱

昨日・今日・明日

CD-67

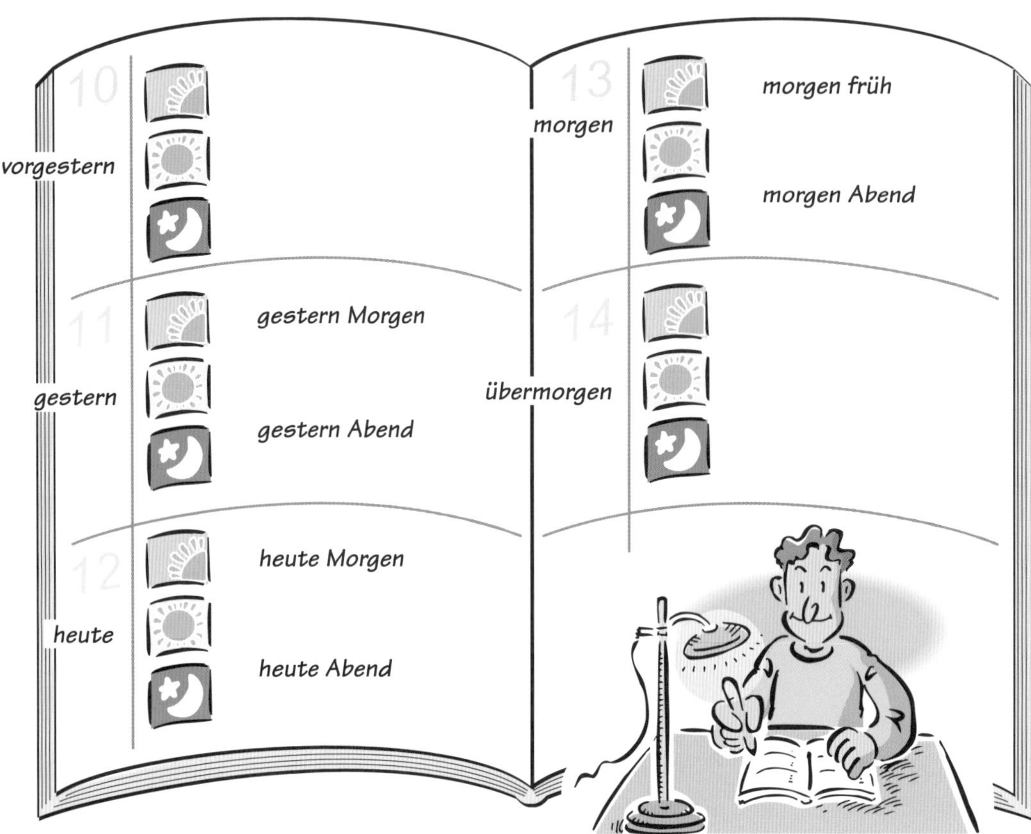

am Wochenende　週末に
am Samstagabend　土曜の晩に
im letzten Sommer　昨年の夏に

Was haben Sie am Wochenende gemacht?　あなたは週末に何をしたのですか？

スポットライト　CD-68　時を表す４格の副詞句

ドイツ語では名詞の４格を副詞として用いることがあります。

den ganzen Tag	１日中	drei Jahre	３年間
diesen Abend	今晩	letzte Nacht	昨夜
jeden Tag	毎日	nächstes Jahr	来年
letzte Woche	先週	letzten Monat	先月

In Heidelberg bin ich drei Tage geblieben.　ハイデルベルクに私は３日間滞在しました。

Letzte Woche haben wir einen Ausflug gemacht.　先週私たちはハイキングに行きました。

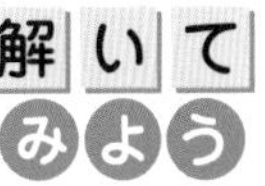

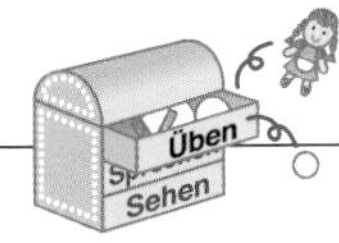

CD-69

1 ＿＿ に完了の助動詞 haben または sein を現在人称変化させて入れてみましょう。（ * は不規則動詞）（❶❷）

(1) Ich ＿＿＿＿ jeden Tag Klavier gespielt. 私は毎日ピアノを弾きました。

(2) Wie lange ＿＿＿＿ du in Rom gelebt? 君はどれくらいローマに住んでいたの？

(3) Er ＿＿＿＿ sehr schnell gelaufen*. 彼はとても速く走りました。

(4) Gestern ＿＿＿＿ Moe zu mir gekommen*. きのうモエは私のところに来ました。

(5) Tim ＿＿＿＿ zwei Tage in Polen geblieben*. ティムは２日間ポーランドに滞在しました。

(6) Mein Freund ＿＿＿＿ Arzt geworden*. 私の友人は医師になりました。

(7) Wann ＿＿＿＿ Sie heute aufgestanden*? あなたは今日いつ起きたのですか？

2 ＿＿ に（　）内の動詞の過去分詞を入れてみましょう。（ * は不規則動詞）（❶❷）

(1) Mein Bruder hat zwei Jahre lang in Bern ＿＿＿＿＿＿＿＿. (wohnen)

(2) Gestern hat er lange auf sie ＿＿＿＿＿＿＿＿. (warten)

(3) Was habt ihr ＿＿＿＿＿＿＿＿? (studieren)

(4) Ich bin letzte Woche nach Paris ＿＿＿＿＿＿＿＿. (fliegen*)

(5) Was hast du zum Geburtstag ＿＿＿＿＿＿＿＿? (bekommen*)

(6) Haben Sie ihn schon ＿＿＿＿＿＿＿＿? (an|rufen*)

(7) Der Zug ist um 6:00 Uhr von Köln ＿＿＿＿＿＿＿＿. (ab|fahren*)

Deutsch

正しい語順に並べ替えてみましょう　CD-70　＋α

(1) (habt / ihr / gemacht / in den Sommerferien)
君たちは夏休みに何をしたの？
Was ＿＿＿＿＿＿＿＿＿＿＿＿＿＿＿＿＿＿＿＿＿＿＿＿?

(2) (im Kaufhaus / habe / eingekauft / gestern)
私は昨日デパートで買い物をしました。
Ich ＿＿＿＿＿＿＿＿＿＿＿＿＿＿＿＿＿＿＿＿＿＿＿＿.

(3) (vorgestern / angekommen / in München / sind / spät)
私たちはおととい遅くミュンヘンに到着しました。
Wir ＿＿＿＿＿＿＿＿＿＿＿＿＿＿＿＿＿＿＿＿＿＿＿＿.

Sprechen

Was hast du in den Sommerferien gemacht?

休暇旅行

CD-71

ヨランタ（*Jolanta Asch*）はポーランドのワルシャワ出身。ハイデルベルク（Heidelberg）大学で医学を学んでいます。キャンパスでペーター（*Peter Schmidt*）に夏休み中のことを尋ねられました。

Polen

Peter : Was hast du in den Sommerferien gemacht?

Jolanta : Ich habe Auschwitz besucht.

Peter : Das Vernichtungslager!

Jolanta : Hast du schon Auschwitz besucht?

Peter : Nein, noch nicht.

Jolanta : Besuche es einmal!

表現のエッセンス　CD-72　「何をしたの？」

Was hast du gestern gemacht?　昨日は何をしたの？

Ich bin ins Kino gegangen.　映画を見に行った。

Ich habe ein Buch gelesen.　本を読んだ。

Das dunkle Erbe der Menschheit

アウシュヴィッツ

ガス室の内部

世界遺産となっている
アウシュヴィッツ強制収容所

‚ARBEIT MACHT FREI'
「労働すれば自由になる」
アウシュヴィッツ収容所の入り口に掲げられていた標語

「アウシュヴィッツよりさらに恐ろしいものは、たった一つしかない。それは、人類が、そのような場所が存在したことを忘れてしまうことだ。」
（ヘンリー・アペル、
アウシュヴィッツからの生存者の言葉）

Adolf Hitler
1889.4.20 - 1945.4.30

Ludwig Wittgenstein
1889.4.26 - 1951.4.29

ヒトラーとウィトゲンシュタイン

ヒトラーは、後に世界に衝撃を与える学説を残す哲学者ウィトゲンシュタインと同じリンツの高等実科学校に通っていた。
その時の集合写真がこれ。
同い年だが、ヒトラーは彼より２年学年が下で、１年後退学させられました。

 **負の遺産** 

Multikulti

世界の悪はすべてユダヤ人のせいだとしたヒトラーは、第２次世界大戦が始まると、「ユダヤ人問題の最終決着」を決め、国内および占領地域、特にポーランドに「絶滅収容所」を建設し、おびただしい数のユダヤ人を殺害した。「アウシュヴィッツ収容所」はその典型。犠牲となったユダヤ人の数は 600 万人以上（そのうち 100 万人以上は子供たち）と見積もられている。大戦後のドイツとポーランドの関係は、当然のことながら平たんではなかった。だがブラント西ドイツ首相が 1970 年 12 月 7 日、ポーランドを訪問、多数のユダヤ人が虐殺されたワルシャワ・ゲットー（ユダヤ人の強制居住区、2002 年の映画『戦場のピアニスト』に出てくる）跡の記念碑に詣で、ひざまづいて謝罪した。この訪問がきっかけとなり、緊張緩和に向けて大きく前進した。そして今や独・仏間と同様、両国共通の歴史教科書づくりが進行中なのだ。政治や国家に意志が欠けるところでは、共通教科書は考えられない。この共同作業は、隣人同士の真の和解と理解への要石の役割を果たすことだろう。

1 過去

過去形は過去の出来事を現在とはかかわりなく、過去に身を置いて客観的に伝え、主に書き言葉（物語、童話、報告文）で使われます。ただし、日常会話であっても、sein・haben・話法の助動詞などは過去形がよく使われます。

■過去人称変化

主語に応じて過去基本形に語尾をつけます（単数１・３人称は過去基本形と同じです）。

不定詞	kaufen	warten	ab|fahren	sein	haben	können
過去基本形	kaufte	wartete	fuhr …ab	war	hatte	konnte
ich –	kaufte	wartete	fuhr …ab	war	hatte	konnte
du –st	kauftest	wartetest	fuhrst …ab	warst	hattest	konntest
er/sie/es –	kaufte	wartete	fuhr …ab	war	hatte	konnte
wir –(e)n*	kauften	warteten	fuhren …ab	waren	hatten	konnten
ihr –t	kauftet	wartetet	fuhrt …ab	wart	hattet	konntet
sie/Sie –(e)n*	kauften	warteten	fuhren …ab	waren	hatten	konnten

* 過去基本形が -e で終わる動詞は -n だけをつけます。

Ich war gestern in Luxemburg. 昨日はルクセンブルクにいました。
Wir warteten auf Antwort. 私たちは返事を待っていました。
Er fuhr um neun Uhr ab. 彼は９時に出発しました。
Früher konnte ich gut Deutsch. 昔はよくドイツ語ができました。

kleine Übungen CD-73 ちょっと練習

1 次の不定詞の過去人称変化形を書いてみましょう。

	kommen	arbeiten	müssen	an|rufen
ich	______	______	______	______
du	______	______	______	______
er/sie/es	______	______	______	______
wir	______	______	______	______
ihr	______	______	______	______
sie/Sie	______	______	______	______

2 再帰代名詞と再帰動詞

■再帰代名詞

ひとつの文の中で主語そのものを指し示す代名詞を**再帰代名詞**といい、3格と4格があります。

	単数			複数			敬称
	1人称	2人称	3人称	1人称	2人称	3人称	2人称
	ich	du	er/sie/es	wir	ihr	sie	Sie
3格	mir	dir	**sich**	uns	euch	**sich**	**sich**
4格	mich	dich	**sich**	uns	euch	**sich**	**sich**

☑ 1人称と親称の2人称は単数・複数とも人称代名詞と同じです（☞ S.21）。

Sie の再帰代名詞は、人称代名詞の場合と異なり小文字で書きます。

Er setzt **ihn** auf die Bank.
彼は彼（**主語とは別の人**）をベンチに座らせます。

Er setzt **sich** auf die Bank.
同じ人 彼はベンチに座ります。

■再帰動詞

再帰代名詞と結びついて、ひとつのまとまった意味をなす動詞を**再帰動詞**といいます。多くは4格の再帰代名詞と結びつきます。

sich⁴ freuen 喜ぶ					
ich	freue	mich	wir	freuen	uns
du	freust	dich	ihr	freut	euch
er/sie/es	freut	sich	sie/Sie	freuen	sich

sich⁴ setzen 座る
sich⁴ erkälten かぜをひく
sich⁴ vorstellen 自己紹介する

Sie freut sich herzlich. 彼女は心から喜んでいます。

辞書の見方
sich³ / 再 = 再帰代名詞 3 格
sich⁴ / 再 = 再帰代名詞 4 格

■再帰動詞には特定の前置詞と結びついて熟語のような意味になるものがあります。

sich⁴ an 4格 erinnern ～を思い出す
sich⁴ über 4格 freuen ～を喜ぶ
sich⁴ auf 4格 freuen ～を楽しみにしている
sich⁴ für 4格 interessieren ～に興味がある

Ich erinnere mich oft an meine Studentenzeit. 私はよく学生時代を思い出します。

ちょっと練習 CD-74 kleine Übungen

2 次の再帰動詞を現在人称変化形させてみましょう。

	sich⁴ setzen（座る）	sich⁴ erkälten（かぜをひく）
ich	______	______
du	______	______
er/sie/es	______	______
wir	______	______
ihr	______	______
sie/Sie	______	______

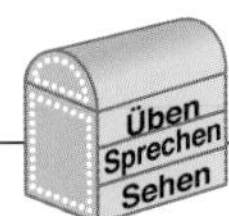

ことばの宝箱

楽器・音楽関係・オペラ

CD-75

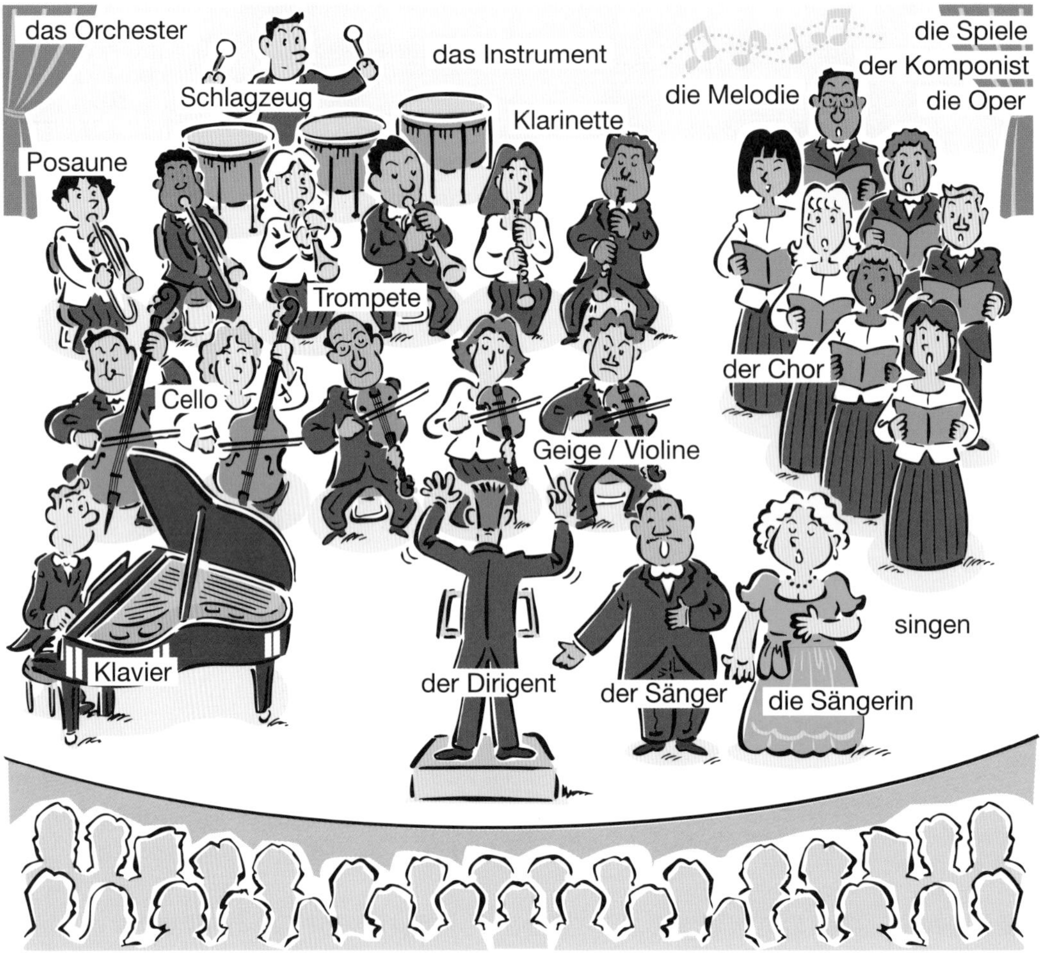

das Orchester
Schlagzeug
das Instrument
die Melodie
die Spiele
der Komponist
die Oper
Klarinette
Posaune
Trompete
der Chor
Cello
Geige / Violine
singen
Klavier
der Dirigent
der Sänger
die Sängerin

Der Sänger singt ein Lied. 歌手が歌をうたっています。

スポットライト CD-76 前置詞と人称代名詞の融合形

事物を表す人称代名詞が前置詞と一緒に用いられると《da+ 前置詞》(母音で始まる前置詞の場合は《dar+前置詞》)の形になります。

Arbeiten Sie mit dem Computer? – Ja, ich arbeite **damit**.
あなたはコンピュータで仕事をしているのですか？　はい、そうです。

☑ der Computer は物ですから、mit ihm とはならずに damit という形になります。

Freust du dich schon auf die Sommerferien? – Ja, ich freue mich sehr **darauf**.
もう夏休みを楽しみにしているの？　うん、とても楽しみにしているよ。

練習問題

CD-77

1 ＿＿ に（　）内の動詞を過去人称変化させて入れましょう。（＊は不規則動詞）（❶）

(1) Lisa ＿＿＿＿＿＿ gern Cello. (spielen)
リーザはチェロを弾くのが好きでした。

(2) Wir ＿＿＿＿＿＿ drei Stunden. (warten)
私たちは3時間待ちました。

(3) Das Spiel des Pianisten ＿＿＿＿＿＿ wunderbar. (sein*)
そのピアニストの演奏は見事でした。

(4) Der Komponist ＿＿＿＿＿＿ immer Hunger. (haben*)
その作曲家はいつも空腹でした。

(5) Der Sänger ＿＿＿＿＿＿ aus Wien. (kommen*)
その歌手はヴィーンの出身でした。

(6) Der Dirigent ＿＿＿＿＿＿ ihm ein Zeichen. (geben*)
指揮者は彼に合図しました。

(7) Er ＿＿＿＿＿＿ gut singen. (können*)
彼はうまく歌うことができました。

(8) Das Orchester ＿＿＿＿＿＿ mit dem Zug ＿＿. (ab|fahren*)
オーケストラは列車で出発しました。

2 ＿＿ に適切な再帰代名詞を入れてみましょう。（❷）

(1) Er setzt ＿＿＿ auf den Stuhl. 彼は椅子に座ります。

(2) Ich erkälte ＿＿＿ selten. 私はめったに風邪をひきません。

(3) Wir erinnern ＿＿＿ oft an unsere Heimat. 私たちはよく故郷を思い出します。

(4) Mein Kind freut ＿＿＿ über Ihr Geschenk. 私の子供はあなたのプレゼントを喜んでいます。

(5) Sie freut ＿＿＿ auf Weihnachten. 彼女はクリスマスを楽しみにしています。

(6) Interessierst du ＿＿＿ für Musik? 音楽に興味ある？

Deutsch

正しい語順に並べ替えてみましょう。 CD-78 ＋α

(1) (ich / in die Oper / gehen / konnte) ザルツブルクで私はオペラを見に行くことができました。

In Salzburg ＿＿＿＿＿＿＿＿＿＿＿＿＿＿＿＿＿＿.

(2) (10 Minuten / sich / verspätet) 列車は10分遅れています。

Der Zug ＿＿＿＿＿＿＿＿＿＿＿＿＿＿＿＿＿＿.

(3) (Japan / für / sich / interessierte) パウルは日本に興味を持っていました。

Paul ＿＿＿＿＿＿＿＿＿＿＿＿＿＿＿＿＿＿.

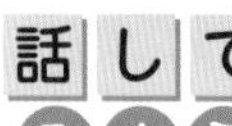

Sprechen

Opernbesuch

オペラ鑑賞

CD-79

サーラ（*Sara Ricci*）はイタリアから来た音楽留学生。彼女の友人のパウル（*Paul Koch*）は建築専攻のヴィーンっ子。二人はヴィーン（Wien）のカフェで夕べのことを話しています。

Paul : Wo warst du denn gestern Abend?

Sara : Ich war in der Staatsoper.
Ich habe „Figaros Hochzeit" von Mozart gesehen.

Paul : Hat dir die Oper gefallen?

Sara : Natürlich!

Paul : Das nächste Mal möchte ich gern mitkommen.

Sara : Gut. Ich freue mich darauf. Ciao!（チャオ）

ヴィーン国立歌劇場

表現のエッセンス

CD-80　「どこにいたの？」

Wo warst du gestern?　昨日はどこにいたの？
Ich war im Theater.　劇場にいたよ。

Ich war
- in der Stadt
- an der See
- am Rhein
- im Büro

Italienreisen
モーツァルトとイタリア音楽

MOZARTS GEBVRTSHAVS
MOZART-MVSEVM
IN DIESEM HAVSE WVRDE
W. A. MOZART AM
27. JÄNNER 1756 GEBOREN.

←↑ザルツブルクにあるモーツァルトの生家。現在はモーツァルト博物館となっている。

↑モーツァルトの愛用品（レプリカ）

↓ザルツブルクの街の風景

ドイツとオーストリアの音楽

Berliner Philharmoniker: （ベルリン・フィルハーモニー管弦楽団）	その時々の最高の指揮者の下、常に最高水準の演奏を聞かせてくれる。
Wiener Philharmoniker : （ヴィーン・フィルハーモニー管弦楽団）	奏者の個性を重視した楽団作りをしている。奏者同士の息がぴったり合うと、これ以上ない優雅な表現と凄絶な表現をあわせ持つ音を奏でる。

モーツァルトが作曲したイタリア・オペラ

Multikulti

オペラという芸術ジャンルは16世紀末に北イタリアの貴族の館で誕生した。以来、イタリア・オペラはモーツァルトの時代に頂点を迎え、19世紀に入ってからも優位の状況にあった。オペラ好きで、オペラの作曲に意欲を燃やしていたモーツァルトにとって、イタリアはどうしても経験しなければならない国だった。彼はもっとも多感な時期（13～16歳）に3度イタリアを訪問、イタリアの風をたっぷりと吸い込んで、自らの作風を作りあげていった。モーツァルトの完成されたオペラは17作。そのうちイタリア（語）オペラは12作（ドイツ（語）オペラは4作、残りの1作はラテン語）であった。なかでも『フィガロの結婚』（1786)、『ドン・ジョバンニ』（1787)、『コジ・ファン・トゥッテ』（1790）は音楽的にも、人間的にもモーツァルトの個性が余すところなくあふれ出た希有な作品である。

Lektion 1 | Lektion 2 | Lektion 3 | Lektion 4 | Lektion 5 | Lektion 6 | Lektion 7 | Lektion 8 | Lektion 9 | Lektion 10

ドイツ語のしくみ Grammatik

1 形容詞・副詞の比較

■比較級（より～）・最上級（もっとも～）の作り方

		原級		比較級	最上級	
形容詞	規則変化	klein	小さい	kleiner	kleinst	- -er -st が基本
		lang	長い	länger	längst	母音が 1 つの語は a, o, u が ä, ö, ü になります。
		alt kurz	古い 短い	älter kürzer	ältest kürzest	-d, -t, -z などで終わる語は最上級で -est となります。
	不規則変化	groß gut hoch viel	大きい よい 高い 多くの	größer besser höher mehr	größt best höchst meist	
副詞		gern	好んで	lieber	am liebsten	副詞の最上級は常に am –en

☑ほとんどの形容詞は、そのまま副詞にもなります。

■比較の用法

1) 「A は B と同じだ」 ➡ A...**so** 原級 **wie** B

Ken ist so alt wie Paul. ケンはパウルと同い年です。

「A は B ほど～ではない」 ➡ A...**nicht so** 原級 **wie** B

Ken ist nicht so alt wie Tim.
ケンはティムほど年をとっていません。

Ken 19 歳　Paul 19 歳　Tim 24 歳

2) 「A は B より～だ」 ➡ A... 比較級 **als** B

Tim ist älter als Ken. ティムはケンより年上です。

3) 「A はもっとも～だ」 ➡ 定冠詞 (der / die / das) + 最上級 **e**

Tim ist der fleißigste von uns. ティムは僕たちの中でいちばん勤勉です。
Ken spielt am liebsten Fußball. (副詞の最上級) ケンはサッカーをするのがいちばん好きです。

☑形容詞の比較級・最上級も、後ろの名詞を修飾するときには格変化語尾がつきます。
Meine ältest**e** Schwester wohnt in Prag. 私の一番上の姉はプラハに住んでいます。

kleine Übungen CD-81 ちょっと練習

1 次の語の比較級・最上級を書いてみましょう。

原級	比較級	最上級
schnell (速い)	______	______
langsam (遅い)	______	______
billig (安い)	______	______
schön (美しい)	______	______

2 関係代名詞

関係代名詞は、前に出てきた名詞（先行詞）の代わりをする代名詞の働きと、関係文を導いて主文に結びつける接続詞の２つの働きをもっています。

	男性	女性	中性	複数
1 格 ～は / が	der	die	das	die
2 格 ～の	dessen	deren	dessen	deren
3 格 ～に	dem	der	dem	denen
4 格 ～を	den	die	das	die

☑不定関係代名詞 wer, was については☞ S. 80

■関係文の作り方

1）関係代名詞の性・数は先行詞（関係代名詞が修飾する名詞）によって決まり、格は関係文中の役割によって決まります。

2）関係文は副文なので定動詞は文末に置かれ、主文と関係文はコンマで区切ります。

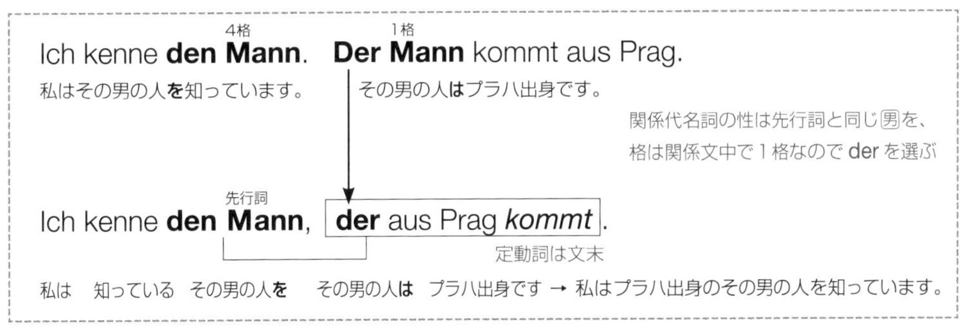

Ich kenne **den Mann**,
私は関係文その男の人を知っている

- **dessen** Vater Politiker ist. ［その男**の**］父が政治家である
- **dem** Maria herzlich dankt. ［その男**に**］マリアが心から感謝している
- **den** Maria liebt. ［その男**を**］マリアが愛している
- mit **dem** sie zusammen lebt. ［その男**と**］彼女が一緒に暮らしている

関係代名詞は前置詞の後に置かれ、前置詞の格支配を受けます。

ちょっと練習　CD-82 **kleine Übungen**

2 ____に関係代名詞を入れてみましょう。

(1) Kennen Sie die Frau, __________ gerade kommt?

(2) Dort steht ein Mann, __________ ich gestern am Bahnhof gesehen habe.

(3) Die Brille, __________ du immer trägst, ist sehr elegant.

(4) Die Freundin, auf __________ Hans lange wartet, heißt Anna.

ことばの宝箱

ホテル

CD-83

ein Zimmer reservieren 部屋を予約する

Ich habe ein Zimmer reserviert. 部屋を予約してあるのですが。

古城ホテル

Gasthof

Pension

Jugedherberge

スポットライト CD-84 反対語のいろいろ

gut よい	⇔	schlecht 悪い	groß 大きい	⇔	klein 小さい
lang 長い	⇔	kurz 短い	teuer 高い	⇔	billig 安い
neu 新しい	⇔	alt 古い	schnell 速い	⇔	langsam 遅い
leicht 軽い	⇔	schwer 重い	warm 暖かい	⇔	kühl 涼しい
heiß 熱い	⇔	kalt 冷たい	stark 強い	⇔	schwach 弱い
früh 早い	⇔	spät 遅い	dick 厚い	⇔	dünn 薄い

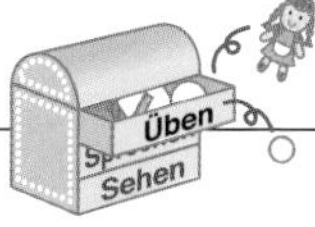

練習問題

CD-85

1 (　　) 内の形容詞・副詞を適切な形にして ＿＿ に入れてみましょう。(👀❶)

(1) Der Gasthof hier ist so ＿＿＿＿＿＿ wie das Hotel dort. (alt)

(2) Das Hotel ist ＿＿＿＿＿＿ als die Pension. (groß)

(3) Ken fotografiert ＿＿＿＿＿＿ als Tim. (gut)

(4) Tim hat ＿＿＿＿＿＿ Geld als Paul. (viel)

(5) Dieses Foto ist das ＿＿＿＿＿＿. (schön)

(6) Das Einzelzimmer ohne Dusche ist das ＿＿＿＿＿＿. (billig)

(7) Paul läuft am ＿＿＿＿＿＿ von uns. (langsam)

(8) Maria spricht schnell, aber Anna spricht am ＿＿＿＿＿＿. (schnell)

2 ＿＿ に関係代名詞を入れてみましょう。(👀❷)

(1) Der Journalist, ＿＿＿＿ aus Prag kommt, heißt Jan.
プラハ出身のそのジャーナリストはヤンといいます。

(2) Das Mädchen, ＿＿＿＿ Felix jetzt eine E-Mail schreibt, wohnt in Leipzig.
フェーリクスが今Eメールを書いている女の子はライプツィヒに住んでいます。

(3) „Die Verwandlung“ ist ein Werk, ＿＿＿＿ Franz Kafka geschrieben hat.
『変身』はフランツ・カフカが書いた作品です。

(4) Das Hotel, in ＿＿＿＿ er wohnt, liegt am Meer.
彼が宿泊しているホテルは海辺にあります。

正しい語順に並べ替えてみましょう

CD-86　+α

(1) (Wein / Bier / als / lieber / trinke)
私はビールよりワインが好きです。
Ich ＿＿＿＿＿＿＿＿＿＿＿＿＿＿＿＿＿＿＿＿＿＿＿＿.

(2) (kleinste / ist / der)
このコンピューターが一番小さいです。
Dieser Computer ＿＿＿＿＿＿＿＿＿＿＿＿＿＿＿＿＿＿＿＿.

(3) (die / ist / fleißigste / in ihrer Klasse / Studentin)
アンナはクラスで一番勤勉な学生です。
Anna ＿＿＿＿＿＿＿＿＿＿＿＿＿＿＿＿＿＿＿＿＿＿＿＿.

話してみよう Sprechen

Ich hätte gern ein Einzelzimmer.

ホテルに宿泊　　CD-87

ヤン (*Jan Hoffmann*) はチェコの首都プラハ在住のフリージャーナリスト。取材でライプツィヒ (Leipzig) にやって来ました。まず駅のインフォメーションでホテルの部屋探しです。

Jan : Ich hätte gern* ein Einzelzimmer mit Bad.

Auskunft : Ja, es gibt ein gutes Hotel.

Jan : Wie viel kostet das Zimmer pro Nacht?

Auskunft : Es kostet 120 € (hundertzwanzig Euro) mit Frühstück.

Jan : Haben Sie ein billigeres Zimmer?

Auskunft : Ja, wir haben ein Einzelzimmer, das 80 € (achtzig Euro) pro Nacht kostet.

Jan : Gut, das nehme ich.

*hätte gern ~「～が欲しいのですが」。hätte は文法補足 S.82 参照。

表現のエッセンス

CD-88　「～が欲しいのですが」

〈Ich hätte gern + ４格〉は買い物などでも使える便利な表現です。

Ich hätte gern ein Einzelzimmer mit Dusche.　シャワーつきのシングルルームをお願いします。

ein Einzelzimmer ohne Dusche

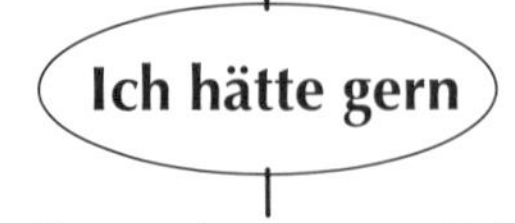

ein Doppelzimmer mit Bad

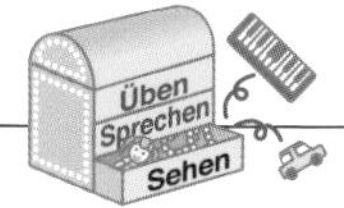

Tschechien

チェコ

祖国チェコを愛したミュシャ

アルフォンス・ミュシャ（1860-1939）はアールヌーボーを代表するチェコ出身の画家。パリに出てポスターや雑誌の挿絵などで成功を収めた。1910 年ハプスブルク帝国支配下のチェコに帰国。チェコスロバキア共和国が成立すると、愛国者ミュシャは紙幣や切手、国章などのデザインを無償で請け負った。彼の手によるプラハ城内の聖ヴィート教会のステンドグラスは圧巻だ。
そのプラハ城は、プラハ出身の作家カフカ（1883-1924）の未完の小説『城 (Das Schloss)』のモデルとなった城でもある。城内の黄金小路 22 番には、カフカが執筆のために借りた家が保存されている。

プラハ城

カフカが借りた家

仮面ライダーの「変身」は ?!

仮面ライダーの変身のアイデアは、人が虫に変わるカフカの小説『変身 (Die Verwandlung)』にヒントを得たのだとか ……。

Budweiser はチェコが元祖

チェコは昔からビールの名産地として知られている。中でも「ブドヴァイゼル (Budweiser)」はチェスケー・ブジェヨヴィツェ（ドイツ名ブドヴァイス）市の国営会社が製造・販売している銘柄で、ホップの苦みと豊かな香りが特徴のコクのあるビールだ。
一方、世界一の販売量を誇るアメリカ製の「バドワイザー (Budweiser)」はチェコをリスペクトして命名されたビールだが、「ブドヴァイゼル」とは全く関係ない。やがて商標権をめぐって訴訟に発展。結局ヨーロッパ内で Budweiser 商標を使うことができるのはチェコ産だけとなった。チェコ人のプライドに乾杯！

チェコ語を守ったマリオネット

Multikulti

チェコは 16 世紀から 20 世紀初頭までハプスブルク帝国の支配下におかれていた。17 世紀、この帝国の支配のもとで、人々はドイツ語を公用語として強いられるが、母語のチェコ語は人形劇の中で生き続け、守られる。チェコでは人形のもつ意味が日本（抱く人形・おもちゃとしての人形）と異なり、人間の感情をあらわす手段ととらえられている。人形劇は言語を守る芸術とみなされているのだ。1968 年、ワルシャワ条約機構 5 ヶ国がプラハに侵攻、プラハの春が終わりを告げる。この間も人形劇は絶えることなく続けられていた。チェコには Marionettentheater が 1000 ヶ所もある。

Lesen 読んでみよう

Lektion 1 Er ist Luxemburger.

ピエールを紹介します

CD-89

Er heißt Pierre Schulz. Er ist Luxemburger. Er ist Student. Jetzt wohnt er in Trier. Er ist aktiv. Er lernt fleißig Spanisch und Italienisch. Er tanzt gern. Er hat Durst. Er trinkt Bier.

Lektion 2 Manga-Kultur

マンガ文化

CD-90

Elsa, Französin, ist eine *Manga*-Liebhaberin. *Manga* und *Anime* sind nicht nur* in Frankreich, sondern auch überall in Europa populär. In Deutschland ist der Markt des Mediums *Manga* nicht klein. Die Jugend folgt der Mode der *Manga*-Kultur* besonders gern. Die *Manga*-Kultur ist schon ein Trend.

* nicht nur..., sondern auch ~ ... だけではなくて〜も
der *Manga*-Kultur : die *Manga*-Kultur の 2 格 (性は Kultur[女]が代表します)

Lektion 3

Frankfurt a.M.

伝統と高層ビルが共存する街フランクフルト　　CD-91

Frankfurt am Main ist uns als eine Finanz- und Wirtschaftstadt bekannt. Da sind etwa 400 Banken*, die Börse und die EZB*. Aber den Zauber der Stadt bildet eigentlich die Koexistenz der Tradition und der Moderne. Einerseits ist der Römerberg* ein Zeichen der Tradition, andererseits ist das Gebäude der EZB ein Symbol der Moderne. In Frankfurt existieren sie ganz harmonisch nebeneinander.

* Banken : Bank 女の複数形（☞ 4 課）
die EZB = die Europäische Zentralbank : 欧州中央銀行（ユーロ圏の金融政策を担う中央銀行）
Römerberg : レーマーベルク（「ローマ人の丘」という意味で、フランクフルトの中心に位置する中世以来の広場。旧市庁舎と教会、木組みの家などが立ち並ぶ）

Lesen 読んでみよう

Lektion 4

Freiburg

環境首都フライブルク　　CD-92

Freiburg ist die „Umwelthauptstadt Deutschlands". Freiburgs Umweltpolitik ist ganz vorbildlich. Die Stadt bevorzugt Anti-Atomkraft und empfiehlt Naturenergien, wie z.B. die Solarenergie. Die Leute benutzen lieber die öffentlichen Verkehrsmittel* oder Fahrräder. Freiburg ist gegenwärtig ein Vorbild jeder Umweltstadt.

* die öffentlichen Verkehrsmittel 公共交通機関（複数形）

Lektion 5

Zürich

金融と文化の町

CD-93

Zürich ist mit rund 380 000 Einwohnern eine Großstadt in der Schweiz. Sie ist eine Stadt der Finanzen, das Zentrum der Banken und Versicherungen. Weil es hier das Bankgeheimnis gibt, deponieren reiche* Leute aus der Welt ihr nicht immer „sauberes"* Geld bei den Banken in der Schweiz. Die Limmatstadt* ist aber auch ein Zentrum der Kultur. Es gibt über* 20 Museen, ein Opernhaus, ein Schauspielhaus usw.* und auch die Zentrale der FIFA. Überall in der Stadt gibt es viele* Veranstaltungen.

* reiche 裕福な　sauberes きれいな　Limmatstadt リマート川沿いの町（チューリヒの別名）　über~ ~以上の　usw.=und so weiter 等々　viele たくさんの

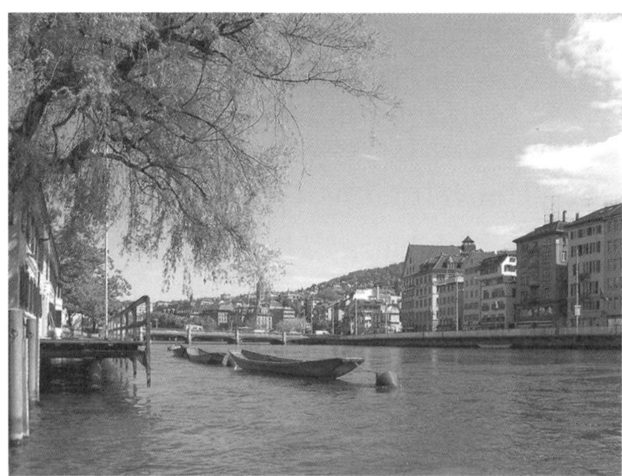

リマート川

Lesen 読んでみよう

Gastarbeiter

外国人労働者

CD-94

Seit 1960 nimmt Deutschland viele Gastarbeiter aus dem Ausland, wie zum Beispiel aus der Türkei, auf. Sollen die Ausländer dem deutschen* Lebensstil folgen oder ihre Lebensweise und Kultur durchsetzen? Das ist eine wichtige* Frage. Deutschland will eine multikulturelle Gesellschaft* sein. Aber wie kann man das Zusammenleben mit den Ausländern gut verwirklichen? Das ist eine Aufgabe für jede multikulturelle Gesellschaft.

* deutschen ドイツ人の　wichtige 重要な　eine multikulturelle Gesellschaft 多文化社会

ドイツに暮らす外国籍の出身国

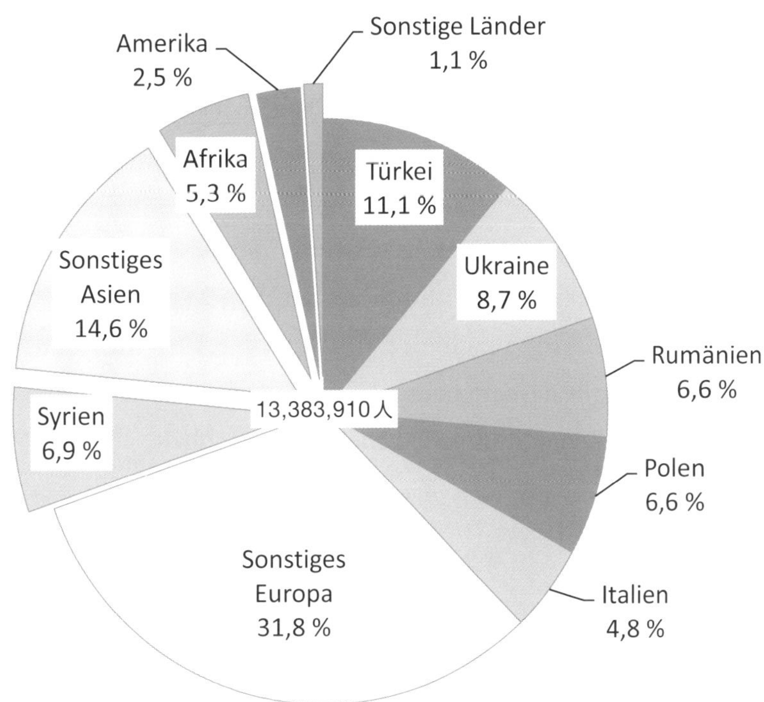

Statistisches Bundesamt Deutschland
(Entstand: 31. 12. 2022)

Lesen 読んでみよう

Lektion 7

Essgewohnheiten

食習慣

CD-95

Ami erzählt :

In Japan isst man abends warm. Aber in Deutschland isst man oft mittags ein warmes und morgens und abends ein kaltes Essen: Brot mit Butter, Käse, Wurst, Schinken und Salat. Und Brot steht dabei im Mittelpunkt. Brot ist für Deutsche ein wichtiges Nahrungsmittel. Es gibt über dreihundert verschiedene Brotsorten. Es ist mein Traum, diese deutschen Brotarten backen zu lernen.

Lesen 読んでみよう

Lektion 8

Das dunkle Erbe der Menschheit

アウシュヴィッツ

CD-96

Auschwitz ist eine Stadt in Polen. 1940 hat die SS* dort ein Vernichtungslager errichtet und dieses hat dem Massenmord, besonders an Juden gedient. In Auschwitz sind etwa 1,1* Millionen Menschen gestorben. Es gilt deshalb heute weltweit als Synonym für den Holocaust. Auschwitz ist eben das dunkle* Erbe der Menschheit.

* SS = Schutzstaffel（ナチの）親衛隊　1,1 = eins Komma eins　dunkle = dunkel : 語幹の e を落とした形

Lesen 読んでみよう

Lektion 9

Italienreisen

モーツァルトとイタリア音楽

CD-97

Mozart (1756-91) machte in seinem kurzen Leben drei Italienreisen. Damals stand die italienische Musik in hoher Blüte. Er fuhr mit seinem Vater nach Italien und lernte sehr eifrig nicht nur Musik, besonders Opernmusik, sondern auch Italienisch. Diese Italienreisen übten einen starken Einfluss auf ihn aus. Später komponierte er drei große italienische Opern, „Le nozze di Figaro (Figaros Hochzeit)" „Don Giovanni" und „Così fan tutte". Und die Aufführungen waren alle ein voller Erfolg.

Lektion 10

Franz Kafka

プラハ出身の作家カフカ

CD-98

Tschechien hat viele Künstler hervorgebracht. Franz Kafka (1883-1924) z.B. kam in Prag zur Welt, das damals zu Österreich-Ungarn gehörte. Sprachlich stand Prag lange Zeit unter dem Einfluss von Deutschland. Kafkas Muttersprache war Deutsch und er hat seine Werke auf Deutsch geschrieben. „Die Verwandlung" (1915) ist eine der berühmtesten deutschsprachigen Erzählungen. Haben Sie schon einmal seine Werke gelesen?

数 詞

1) 基数

0 null	10 zehn	20 zwanzig
1 eins	11 elf	21 einundzwanzig
2 zwei	12 zwölf	22 zweiundzwanzig
3 drei	13 dreizehn	30 dreißig
4 vier	14 vierzehn	40 vierzig
5 fünf	15 fünfzehn	50 fünfzig
6 sechs	16 sechzehn	60 sechzig
7 sieben	17 siebzehn	70 siebzig
8 acht	18 achtzehn	80 achtzig
9 neun	19 neunzehn	90 neunzig

100	(ein) hundert		
1 000	(ein) tausend		
10 000	zehntausend	3241（数）	dreitausendzweihunderteinundvierzig
100 000	hunderttausend	2001 年	zweitausendeins
1 000 000	eine Million	2024 年	zweitausendvierundzwanzig

2) 序数：「～番目の」

原則として 19 までは基数に **-t** を、20 以上は **-st** をつけます。数字で表す場合は数の右下に . をつけます。

1. erst	8. acht	20. zwanzigst
2. zweit	9. neunt	21. einundzwanzigst
3. dritt	10. zehnt	30. dreißigst
4. viert	11. elft	40. vierzigst
5. fünft	12. zwölft	100. hundertst
6. sechst	13. dreizehnt	101. hunderterst
7. siebt	19. neunzehnt	1000. tausendst

Mein **zweit**es Kind ist sechs Jahre alt. 私の二番目の子供は 6 歳です。

Der Wievielte ist heute? 今日は何日ですか。

Heute ist **der 3**. (dritte) Mai. 今日は 5 月 3 日です。

Ich bin **am 15**. (fünfzehnten) Juli geboren. 私は 7 月 15 日に生まれました。

曜日・月・四季

■ 曜日（すべて男性名詞）

月曜日	Montag	金曜日	Freitag
火曜日	Dienstag	土曜日	Samstag（ドイツ北部・東部で Sonnabend）
水曜日	Mittwoch	日曜日	Sonntag
木曜日	Donnerstag		

＊「～曜日に」は am ~ で表します。

Wir gehen **am** Samstag ins Kino.　私たちは土曜日に映画を見に行きます。

■ 月（すべて男性名詞）

1月	Januar	5月	Mai	9月	September
2月	Februar	6月	Juni	10月	Oktober
3月	März	7月	Juli	11月	November
4月	April	8月	August	12月	Dezember

＊「～月に」は im ~ で表します。

In Japan beginnt das neue Semester **im** April.　日本では新学期は４月に始まります。

■ 四季（すべて男性名詞）

春	Frühling	秋	Herbst
夏	Sommer	冬	Winter

＊「～（季節）に」は im ~ で表します。

Wir fahren **im** Sommer in die Schweiz.　私たちは夏にスイスへ行きます。

文法の補足 Ergänzung

Lektion 1

注意すべき動詞の現在人称変化 (☜ S.8)

1) 語幹が -d, -t などで終わる動詞

finden（見つける）, arbeiten（働く）, öffnen（開ける）などの動詞では、主語が du, er/sie/es, ihr のとき、発音の都合で **e** を入れます。これを「口調の e」といいます。

arbeiten（働く）			
ich	arbeite	wir	arbeite*n*
du	arbeit***est***	ihr	arbeit***et***
er / sie / es	arbeit***et***	sie	arbeite*n*
Sie arbeite*n*			

2) 語幹が -s, -ß, -z などで終わる動詞

reisen（旅行する）, heißen（〜という名である）, tanzen（踊る）などの動詞では、主語が du のとき、発音の都合で語尾の形が -t になります。

reisen（旅行する）			
ich	reis*e*	wir	reis*en*
du	reis***t***	ihr	reis*t*
er / sie / es	reis*t*	sie	reis*en*
Sie reis*en*			

doch の用法 (☜ S.9)

否定疑問文に対しては、doch または nein で答えます。

Ist er nicht Student? – **Doch**, er ist Student. / **Nein**, er ist nicht Student.
彼は学生ではないのですか。 —いいえ、彼は学生です。/ はい、彼は学生ではありません。

ただし、nein で答えたあと、nicht を使わずに肯定文で続けることもできます。

Ist er Student? 彼は学生ですか。– **Nein**, er ist Lehrer. いいえ、彼は教師です。
Ist er nicht Student? 彼は学生ではないのですか。– **Nein**, er ist Lehrer. はい、彼は教師です。

nicht の位置 (☜ S.9)

1) 文の全体を否定する場合

① nicht を文末に置く

Anna liebt ihn **nicht**. アンナは彼を愛していません。

② 動詞が sein, werden, bleiben で、名詞、形容詞、副詞などの語で補われている文の場合 →それらの語の直前に nicht を置く

Er ist **nicht** fleißig. 彼は勤勉ではありません。

Sie wird **nicht** Lehrerin.　彼女は教師にはなりません。
Ich bleibe **nicht** in Berlin.　私はベルリンには滞在しません。

2）文中の一成分だけを否定する場合 → 否定する文成分の直前に nicht を置く
Wir fahren **nicht** nach Bonn (, sondern nach Köln).
私たちが行くのはボンではありません（ケルンです）。

Lektion 2

名詞の性（☞ S.14）

名詞の中には、語形によって性のわかるものがあります。

1）男性名詞 *(m.)*
① -er, -ler, -ner で終わる人を表す名詞の大部分（Japaner 日本人、Künstler 芸術家、Gärtner 造園者、など）
② 動詞の語幹による名詞の大部分（Schlaf 睡眠、Tanz 踊り、など）
③ -en で終わる名詞の大部分（Boden 土地、Garten 庭、Wagen 自動車、など）

2）女性名詞 *(f.)*
① -in で終わる人を表すすべての名詞（Japanerin 日本人女性、Studentin 女子学生、など）
② -ei, -heit, -keit, -schaft, -ung で終わるすべての名詞（Bäckerei パン屋、Gesundheit 健康、Einsamkeit 孤独、Herrschaft 支配、Achtung 尊敬、など）
③ -e で終わる名詞の大部分（Blume 花、Karte カード、Tomate トマト、など）
④ -t, -cht, -ft, -st で終わる名詞の大部分（Welt 世界、Nacht 夜、Luft 空気、Kunst 芸術、など）

3）中性名詞 *(n.)*
① -chen, -lein で終わるすべての名詞（Mädchen 女の子、Vöglein 小鳥、など）
② 名詞化された不定詞のすべて（Essen 食事、Leben 生命、など）
③ Ge-e の大多数（Gebäude 建物、Gemälde 絵画、Gemüse 野菜、など）

男性弱変化名詞（☞ S.14）

男性名詞のうち、単数１格以外で -[e]n となるものがあります。男性弱変化名詞と呼ばれ、その多くは人・動物を表す名詞です。

	単数	複数
1格	der　Student	die　Student**en**
2格	des　Student**en**	der　Student**en**
3格	dem　Student**en**	den　Student**en**
4格	den　Student**en**	die　Student**en**

1) 人　　：Mensch 人間、Junge 少年、Kollege 同僚、など
2) 動　物：Affe 猿、Bär 熊、Hase ウサギ、Löwe ライオン、など
3) 外来語：Patient 患者、Pianist ピアニスト、Polizist 警察官、など

■ 指示代名詞 der, die, das ; die (☞ S.15)

指示代名詞 der, die, das ; die（この～、その～、あの～ / これ、それ、あれ）は、前出の人や事物を指し示します。定冠詞や人称代名詞よりも強く指示する力を持っています（定冠詞はこの指示代名詞から生まれました）。

名詞と共に用いられるときには定冠詞と同じ格変化 (☞ S.14) をしますが、単独で名詞的に使われるときには関係代名詞と同じ格変化 (☞ S.63) をします。

名詞と共に : **Dér** Rock hier ist schick.　このスカートしゃれてるわね。

単独で　: Gut, **dén** nehme ich.　では、これをいただくわ。

＊定冠詞とは異なり、指示代名詞には常にアクセントがあります。

＊単独で名詞的に使われる das は、性・数に関係なく用いられます (☞ S.15)。

■ 冠詞をつけないとき (☞ S.16)

職業・身分、国籍を紹介するときや、言語、学問、スポーツ、楽器、飲みものなどには原則として冠詞はつけません。

Ich bin **Student**.（職業・身分）　Er ist **Japaner**.（国籍）　Ich lerne **Deutsch**.（言語）
Ich studiere **Jura**.（学問）　Wir spielen **Tennis**.（スポーツ）　Ich spiele **Klavier**.（楽器）
Ich trinke gern **Tee**.（飲みもの）

Lektion 3

■ 注意すべき命令形 (☞ S.20)

sprechen など、現在人称変化の 2 人称・3 人称単数で幹母音が e から i(e) に変化する不規則動詞は、du に対する命令文でも幹母音を i(e) の形にします。

Spr**i**ch Deutsch!　ドイツ語を話して！
S**ie**h den Turm!　あの塔を見て！

＊ただし fahren のような a → ä タイプの動詞の場合は、du に対する命令文で幹母音を ä にはしません。

F**a**hr schneller!　もっとスピードを出して！

Lektion 4

■ 注意すべき複数形 (☞ S.26)

1) 人や動物を表す -in で終わる女性名詞の複数形は、n を重ねて -nen となります。

単数形 : die Japanerin（女性の日本人）→ 複数形 : die Japanerin**nen**

2) 古典語に由来する外来語の中には特殊な形になるものがあります。

単数形 : das Museum（博物館）→ 複数形 : die **Museen**

単数形 : das Thema（テーマ）→ 複数形 : die **Themen** または die **Themata**

Lektion 5

2 格支配の前置詞 (☞ S.32)

statt +2 ～の代わりに　　trotz +2 ～にもかかわらず

während +2 ～の間じゅう　　wegen +2 ～のために　　など

Trotz *des* Sonntags arbeitet Peter.　日曜にもかかわらずペーターは働きます。

Während *der* Ferien bleiben wir in der Schweiz.　休暇の間、私たちはスイスに滞在します。

特定の前置詞と結びつく動詞・形容詞 (☞ S.32)

動詞や形容詞の中には、特定の前置詞と結びついて熟語のような意味になるものがあります。

an 4格 **denken**　～のことを思う　　**auf** 4格 **warten**　～を待つ

3格 **für** 4格 **danken** 3格 に 4格 を感謝する　　**mit** 3格 **zufrieden sein** ～に満足する

Ich **warte** hier **auf** den Bus.　私はここでバスを待っています。

Wir **denken** immer **an** dich.　私たちはいつも君のことを思っています。

Er **ist mit** seinem Auto sehr **zufrieden**.　彼は自分の車にとても満足しています。

Ich **danke** dir **für** deine Hilfe.　助けてくれてありがとう。

Lektion 7

形容詞の名詞化 (☞ S.44)

形容詞は語頭を大文字にして名詞的に用いることができます。男性・女性・複数は〈人〉を、中性は〈もの・こと〉を表します。

男	女	複	中
男の老人 Alter der Alte ein Alter	女の老人 Alte die Alte eine Alte	老人たち Alte die Alten	古いもの（こと） [etwas] Altes / [nichts] Altes das Alte

＊語尾変化は形容詞の格変化と同じです (☞ S.44)。
＊中性の場合は、etwas, nichts, viel などと共に用いられることが多いです。

zu 不定詞のその他の用法 (☞ S.45)

・haben+zu 不定詞：「～しなければならない」

Wir **haben** noch eine Stunde **zu arbeiten**.　私たちはあと1時間働かなければなりません。

・sein+zu 不定詞：「～されうる、～されなければならない」

Die Frage **ist** leicht **zu beantworten**.　その質問は簡単に答えられます。

Dort **ist** der Führerschein **vorzulegen**.　あそこで免許証を提示しなければなりません。

Lektion 10

■ 不定関係代名詞 (☜ S.63)

不特定の人や不特定の事物を表す関係代名詞として、**wer**「～する人は誰でも」と **was**「およそ～するもの / こと」があります。これらは不定関係代名詞と呼ばれ、格変化は疑問代名詞 wer, was と同じです (☜ Lektion 2, S.15)。

Wer reich *ist*, (der) ist nicht immer glücklich. 　裕福な人が幸福とはかぎりません。
Was Sie eben gesagt *haben*, (das) ist richtig. 　あなたがたった今言ったことは正しいです。
Ich habe *alles* gekauft, **was** ich jetzt *brauche*. 　私は、今必要なものをすべて買いました。

＊ wer は先行詞をとりませんが、was は、alles, etwas, nichts, das Beste などを先行詞とする場合があります。

その他の文法補足

■ 現在の推量や意志を表す助動詞 (☜ werden の現在人称変化は S.20)

ドイツ語では純粋な未来は現在形で表します。werden は「～だろう」という現在の推量や、主語が 1 人称の場合は「～するつもりだ」という意志を表わす助動詞としても使われます。

Er **wird** wohl krank sein. 　彼ははたぶん病気なのでしょう。
Das **werde** ich nie vergessen. 　そのことは決して忘れないつもりです。

■ 受動形

1）動作受動

日本語の「～される」に相当する表現の形式を受動といいます。

受動の基本形：werden（受動の助動詞）… **過去分詞**（文末）

＊ werden の現在人称変化は ☜ S.20

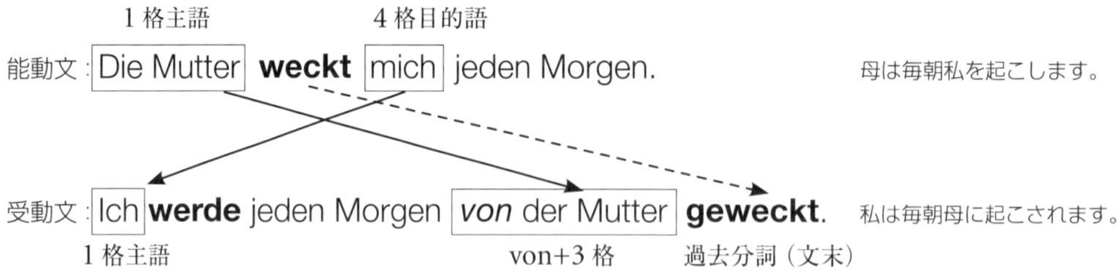

能動文の 4 格目的語が受動文の 1 格主語となります。受動文で「～によって」を明示する場合は **von+3 格** または **durch+4 格**で示します。von は〈動作主〉を、durch は〈原因・手段〉を表しますが、現在ではその区別はあまり明確ではありません。

・受動文の主な時称

現　　在：Ich **werde** jeden Morgen von der Mutter **geweckt**.
過　　去：Ich **wurde** jeden Morgen von der Mutter **geweckt**.
現在完了：Ich **bin** jeden Morgen von der Mutter **geweckt worden***.

* 受動の助動詞 werden は完了形では sein 支配です。過去分詞は worden となります。

2) 状態受動「～されている」：sein…他動詞の過去分詞（文末）

状態受動は動作受動が完了した後の〈状態〉を表します。

動作受動：Die Tür **wird** schnell **geöffnet**.　ドアが素早く開けられます。
状態受動：Die Tür **ist** schon **geöffnet**.　ドアはもう開いています。

3) 自動詞の受動

自動詞（４格目的語をとらない動詞）も受動文を作ることがあります。その場合は es を形式的な主語とします。この es は文頭以外では省略されます。

Peter hilft der Frau.（能動文）　ペーターはその女性を助けます。
↓
Es wird der Frau von Peter geholfen.　その女性はペーターに助けられます。
Der Frau wird von Peter geholfen.　その女性はペーターに助けられます。

分詞の用法

分詞は動詞と形容詞の性質を合わせ持つ語で、現在分詞と過去分詞があります。現在分詞はその行為や状態が継続中であること（「～している」）を表し、過去分詞は受動（「～された」）や完了（「～した」）の意味を表します。

・現在分詞の作り方…不定詞＋**d**　例）lesen → lese**nd**　例外）sein → sei**end**, tun → tu**end**
・過去分詞の作り方…Lektion 8 を参照。

das **spielend**e Kind（形容詞）　**遊んでいる**子供
die **zerstört**e Stadt（形容詞）　**破壊された**都市
Sie singt **tanzend**.（副詞）　彼女は**踊りながら**歌います。
Sie singt **ausgezeichnet** gut.（副詞）　彼女は**すばらしく**上手に歌います。

■ 接続法

・ドイツ語には事実を直接述べる〈直説法〉や、命令を表す〈命令法〉の他に、何かを要求したり、人の言ったことを間接的に伝えたり、非現実の事柄を仮定・願望するときに使われる〈接続法〉があります。

・接続法の形式には、事実との隔たりの大きさに応じて第１式と第２式があります。

1）接続法第１式の人称変化…第１式基本形＝**不定詞の語幹 + e**

	規則動詞	不規則動詞			
不定詞→	kaufen	kommen	haben	werden	sein
第１式基本形→	kaufe	komme	habe	werde	sei（例外）
ich —	kaufe	komme	habe	werde	sei
du —**st**	kaufe**st**	komme**st**	habe**st**	werde**st**	sei[**e**]**st**
er/sie/es —	kaufe	komme	habe	werde	sei
wir —**n**	kaufe**n**	komme**n**	habe**n**	werde**n**	seie**n**
ihr —**t**	kaufe**t**	komme**t**	habe**t**	werde**t**	seie**t**
sie —**n**	kaufe**n**	komme**n**	habe**n**	werde**n**	seie**n**
Sie —**n**	kaufe**n**	komme**n**	habe**n**	werde**n**	seie**n**

2）接続法第２式の人称変化…第２式基本形＝**過去基本形 + e**

	規則動詞	不規則動詞			
不定詞→	kaufen	kommen	haben	werden	sein
過去基本形→	kaufte	kam	hatte	wurde	war
第２式基本形→	kaufte	käme	hätte	würde	wäre
ich —	kaufte	käme	hätte	würde	wäre
du —**st**	kaufte**st**	käme**st**	hätte**st**	würde**st**	wäre**st**
er/sie/es —	kaufte	käme	hätte	würde	wäre
wir —**n**	kaufte**n**	käme**n**	hätte**n**	würde**n**	wäre**n**
ihr —**t**	kaufte**t**	käme**t**	hätte**t**	würde**t**	wäre**t**
sie —**n**	kaufte**n**	käme**n**	hätte**n**	würde**n**	wäre**n**
Sie —**n**	kaufte**n**	käme**n**	hätte**n**	würde**n**	wäre**n**

☑ 規則動詞は直説法の過去人称変化と同じ形になります。過去基本形が -e で終わる動詞は、第２式基本形で語尾 e を重複させません。

☑ 不規則動詞で語幹の母音が a, o, u のものは ä, ö, ü になります（ただし sollen,wollen などは例外）。

3) 直説法と接続法の時称および時称形態の関係

<table>
<tr><th colspan="2">直説法</th><th colspan="2">接続法第 1 式</th><th>接続法第 2 式</th></tr>
<tr><td>現在</td><td>er kauft
er kommt</td><td>現在</td><td>er kaufe
er komme</td><td>er kaufte
er käme</td></tr>
<tr><td>過去</td><td>er kaufte
er kam</td><td rowspan="3">過去</td><td rowspan="3">er habe…gekauft
er sei…gekommen</td><td rowspan="3">er hätte…gekauft
er wäre…gekommen</td></tr>
<tr><td>現在
完了</td><td>er hat…gekauft
er ist…gekommen</td></tr>
<tr><td>過去
完了</td><td>er hatte…gekauft
er war…gekommen</td></tr>
<tr><td>未来</td><td>er wird…kaufen
er wird…kommen</td><td>未来</td><td>er werde…kaufen
er werde…kommen</td><td>er würde…kaufen
er würde…kommen</td></tr>
</table>

4) 接続法の用法

①間接話法（人の発言を間接的に伝えるとき）→第 1 式

Er sagte : „Ich habe kein Geld.“ → Er sagte, er habe kein Geld.
「僕はお金がないんだ」と彼は言った。 彼はお金がないと言った。

Sie fragte : „Wie alt ist dein Vater?“ → Sie fragte, wie alt mein Vater sei.
彼女は「あなたのお父さんは何歳なの」と尋ねた。 彼女は僕の父が何歳か尋ねた。

＊英語とは異なり、主文と間接引用文とのあいだに時制の一致はありません。

②非現実話法（非現実の事実を仮定するとき：「もし〜なら…」）→ 第2式

現在：Wenn ich Zeit hätte, ginge ich ins Kino.
Wenn ich Zeit hätte, würde* ich ins Kino gehen.
もし時間があれば映画を見に行くのに。

過去：Wenn ich Zeit gehabt hätte, wäre ich ins Kino gegangen.
Wenn ich Zeit gehabt hätte, würde* ich ins Kino gegangen sein.
もし時間があったら映画を見に行ったのに。

＊接続法第２式では、帰結文に〈würde…不定詞〉の形が好んで用いられます。

③ als ob…「あたかも…のように」 → 第2式（まれに第 1 式）

Sie benimmt sich, als ob sie Königin wäre. 彼女は女王のように振る舞う。

④外交的接続法（あたかも非現実であるかのように丁寧に表現するとき）→ 第2式

Ich hätte gern eine Flasche Weißwein. 白ワインを 1 本ほしいのですが。（控えめな意見の表明）

Könnten Sie mir vielleicht 10 Euro borgen? 10 ユーロ貸して頂けませんか。（丁寧な依頼）

変化表

① 動詞の現在人称変化

不定詞	kommen	sein	haben	werden
ich	komm**e**	**bin**	hab**e**	werd**e**
du	komm**st**	**bist**	**hast**	**wirst**
er / sie / es	komm**t**	**ist**	**hat**	**wird**
wir	komm**en**	**sind**	hab**en**	werd**en**
ihr	komm**t**	**seid**	hab**t**	werd**et**
sie / Sie	komm**en**	**sind**	hab**en**	werd**en**

② 定冠詞の格変化

	男性	女性	中性	複数
1 格	d**er**	d**ie**	d**as**	d**ie**
2 格	d**es**	d**er**	d**es**	d**er**
3 格	d**em**	d**er**	d**em**	d**en**
4 格	d**en**	d**ie**	d**as**	d**ie**

③ 不定冠詞の格変化

	男性	女性	中性
1 格	ein	ein**e**	ein
2 格	ein**es**	ein**er**	ein**es**
3 格	ein**em**	ein**er**	ein**em**
4 格	ein**en**	ein**e**	ein

④ 人称代名詞の 3 格と 4 格

1 格	ich	du	er	sie	es	wir	ihr	sie	Sie
3 格	mir	dir	ihm	ihr	ihm	uns	euch	ihnen	Ihnen
4 格	mich	dich	ihn	sie	es	uns	euch	sie	Sie

⑤ 定冠詞類の格変化

	男性	女性	中性	複数
1 格	dies**er**	dies**e**	dies**es**	dies**e**
2 格	dies**es**	dies**er**	dies**es**	dies**er**
3 格	dies**em**	dies**er**	dies**em**	dies**en**
4 格	dies**en**	dies**e**	dies**es**	dies**e**

⑥ 不定冠詞類の格変化

	男性	女性	中性	複数
1 格	mein	mein**e**	mein	mein**e**
2 格	mein**es**	mein**er**	mein**es**	mein**er**
3 格	mein**em**	mein**er**	mein**em**	mein**en**
4 格	mein**en**	mein**e**	mein	mein**e**

⑦ 話法の助動詞の現在人称変化

不定詞	dürfen	können	mögen	müssen	sollen	wollen	möchte
ich	**darf**	**kann**	**mag**	**muss**	**soll**	**will**	**möchte**
du	**darfst**	**kannst**	**magst**	**musst**	**sollst**	**willst**	**möchtest**
er/sie/es	**darf**	**kann**	**mag**	**muss**	**soll**	**will**	**möchte**
wir	dürfen	können	mögen	müssen	sollen	wollen	möchten
ihr	dürft	könnt	mögt	müsst	sollt	wollt	möchtet
sie / Sie	dürfen	können	mögen	müssen	sollen	wollen	möchten

⑧ 形容詞の格変化

(1) (冠詞(類)なし) 形容詞＋名詞

	男性	女性	中性	複数
1 格	gut**er** Mann	gut**e** Frau	gut**es** Kind	gut**e** Kinder
2 格	gut***en*** Mann(e)s	gut**er** Frau	gut***en*** Kindes	gut**er** Kinder
3 格	gut**em** Mann	gut**er** Frau	gut**em** Kind	gut**en** Kindern
4 格	gut**en** Mann	gut**e** Frau	gut**es** Kind	gut**e** Kinder

(2) 定冠詞(類)＋形容詞＋名詞

	男性	女性	中性	複数
1 格	der gut**e** Mann	die gut**e** Frau	das gut**e** Kind	die gut**en** Kinder
2 格	des gut**en** Mann(e)s	der gut**en** Frau	des gut**en** Kindes	der gut**en** Kinder
3 格	dem gut**en** Mann	der gut**en** Frau	dem gut**en** Kind	den gut**en** Kindern
4 格	den gut**en** Mann	die gut**e** Frau	das gut**e** Kind	die gut**en** Kinder

(3) 不定冠詞(類)＋形容詞＋名詞

	男性	女性	中性	複数
1 格	ein gut**er** Mann	eine gut**e** Frau	ein gut**es** Kind	meine gut**en** Kinder
2 格	eines gut**en** Mann(e)s	einer gut**en** Frau	eines gut**en** Kindes	meiner gut**en** Kinder
3 格	einem gut**en** Mann	einer gut**en** Frau	einem gut**en** Kind	meinen gut**en** Kindern
4 格	einen gut**en** Mann	eine gut**e** Frau	ein gut**es** Kind	meine gut**en** Kinder

⑨ 動詞の過去人称変化

不定詞	leben	sein	haben	werden
過去基本形	lebte	war	hatte	wurde
ich	lebte	war	hatte	wurde
du	lebte**st**	war**st**	hatte**st**	wurde**st**
er / sie / es	lebte	war	hatte	wurde
wir	lebte**n**	war**en**	hatte**n**	wurde**n**
ihr	lebte**t**	war**t**	hatte**t**	wurde**t**
sie / Sie	lebte**n**	war**en**	hatte**n**	wurde**n**

⑩ 関係代名詞

	男性	女性	中性	複数
1 格	der	die	das	die
2 格	dessen	deren	dessen	deren
3 格	dem	der	dem	denen
4 格	den	die	das	die

主要不規則動詞変化表

不定詞 直説法現在	過去基本形	過去分詞	接続法第２式
bleiben (s) とどまる	**blieb**	**geblieben**	bliebe
brechen 破る du brichst er bricht	**brach**	**gebrochen**	bräche
bringen 持ってくる	**brachte**	**gebracht**	brächte
denken 考える	**dachte**	**gedacht**	dächte
dürfen …してもよい ich darf du darfst er darf	**durfte**	**dürfen** **gedurft**	dürfte
empfehlen 推薦する du empfiehlst er empfiehlt	**empfahl**	**empfohlen**	empföhle
essen 食べる du isst er isst	**aß**	**gegessen**	äße
fahren (s) （乗り物で）行く du fährst er fährt	**fuhr**	**gefahren**	führe
fallen (s) 落ちる du fällst er fällt	**fiel**	**gefallen**	fiele
fangen 捕まえる du fängst er fängt	**fing**	**gefangen**	finge
finden 見出す	**fand**	**gefunden**	fände
fliegen (s) 飛ぶ	**flog**	**geflogen**	flöge
geben 与える du gibst er gibt	**gab**	**gegeben**	gäbe
gehen (s) 行く	**ging**	**gegangen**	ginge

不定詞 直説法現在	過去基本形	過去分詞	接続法第２式
gelten 値する du giltst er gilt	**galt**	**gegolten**	gälte (gölte)
genießen 享受する	**genoss**	**genossen**	genösse
haben 持っている ich habe du hast er hat	**hatte**	**gehabt**	hätte
halten 保つ du hältst er hält	**hielt**	**gehalten**	hielte
heißen …と呼ばれる	**hieß**	**geheißen**	hieße
helfen 手助けする du hilfst er hilft	**half**	**geholfen**	hülfe
kennen 知っている	**kannte**	**gekannt**	kennte
kommen (s) 来る	**kam**	**gekommen**	käme
können …できる ich kann du kannst er kann	**konnte**	**können** **gekonnt**	könnte
laden （荷を）積む du lädst er lädt	**lud**	**geladen**	lüde
laufen (s) 走る du läufst er läuft	**lief**	**gelaufen**	liefe
lesen 読む du liest er liest	**las**	**gelesen**	läse
liegen 横たわっている	**lag**	**gelegen**	läge

不定詞 直説法現在	過去基本形	過去分詞	接続法第２式
mögen …かもしれない ich mag du magst er mag	**mochte**	**mögen** **gemocht**	möchte
müssen …ねばならない ich muss du musst er muss	**musste**	**müssen** **gemusst**	müsste
nehmen 取る du nimmst er nimmt	**nahm**	**genommen**	nähme
rufen 呼ぶ	**rief**	**gerufen**	riefe
schlafen 眠る du schläfst er schläft	**schlief**	**geschlafen**	schliefe
schreiben 書く	**schrieb**	**geschrieben**	schriebe
schwimmen (s) 泳ぐ	**schwamm**	**geschwommen**	schwömme
sehen 見る du siehst er sieht	**sah**	**gesehen**	sähe
sein (s) 在る ich bin du bist er ist	**war**	**gewesen**	wäre
singen 歌う	**sang**	**gesungen**	sänge
sitzen 座っている du sitzt er sitzt	**saß**	**gesessen**	säße
sollen …すべきである ich soll du sollst er soll	**sollte**	**sollen** **gesollt**	sollte

不定詞 直説法現在	過去基本形	過去分詞	接続法第２式
sprechen 話す du sprichst er spricht	**sprach**	**gesprochen**	spräche
stehen 立っている	**stand**	**gestanden**	stünde
steigen (s) 登る	**stieg**	**gestiegen**	stiege
sterben (s) 死ぬ du stirbst er stirbt	**starb**	**gestorben**	stürbe
tragen 運ぶ du trägst er trägt	**trug**	**getragen**	trüge
trinken 飲む	**trank**	**getrunken**	tränke
vergessen 忘れる du vergisst er vergisst	**vergaß**	**vergessen**	vergäße
wachsen (s) 成長する du wächst er wächst	**wuchs**	**gewachsen**	wüchse
werden (s) (…に) なる du wirst er wird	**wurde**	**geworden** (受動 **worden**)	würde
wissen 知っている ich weiß du weißt er weiß	**wusste**	**gewusst**	wüsste
wollen …しようと思う ich will du willst er will	**wollte**	**wollen** **gewollt**	wollte

※ 本書の「主要不規則動詞変化表」では，慣例に従って，完了の助動詞に sein をとる動詞にのみ略号 (s) を付し，haben をとる動詞は無記号とした。ただし fahren など，haben と sein の両方を支配する動詞については，初級段階で haben よりも sein の使用頻度が高いと思われる場合にのみ (s) を付した。従って本変化表中で (s) が付されている動詞の中には haben をとるものも含まれている。正確な用法については辞書等で確認していただきたい。

表紙デザイン：
ease

表紙・本文イラスト：
梅本 昇

写真提供：
AFP＝時事
Ant Palmer/Shutterstock.com
AP/アフロ
dpa/PANA
PANA
アフロ

クロイツング・ネオ
（第２版）

検印省略

© 2009年1月15日　クロイツング 初版発行
2010年1月15日　3刷発行
© 2011年1月20日　クロイツング・ネオ 初版発行
2023年1月30日　16刷発行
© 2023年9月30日　クロイツング・ネオ 第2版発行

著　者　小　野　寿美子
中　川　明　博
西　巻　丈　児

発行者　小　川　洋一郎
発行所　株式会社 朝 日 出 版 社
〒101-0065　東京都千代田区西神田 3-3-5
電話 (03) 3239-0271 · 72（直通）
振替口座 東京 00140-2-46008
https://www.asahipress.com
欧友社／図書印刷

ISBN978-4-255-25475-3　C1084

クロイツング・ネオ
単語練習 web ページのご案内

URL http://text.asahipress.com/ebooks/de/kreuzung-neo/workbook.html

■ 対応ブラウザ：Safari, Chrome のみ
[Internet Explorer, Firefox などには対応しておりませんので，ご注意ください]

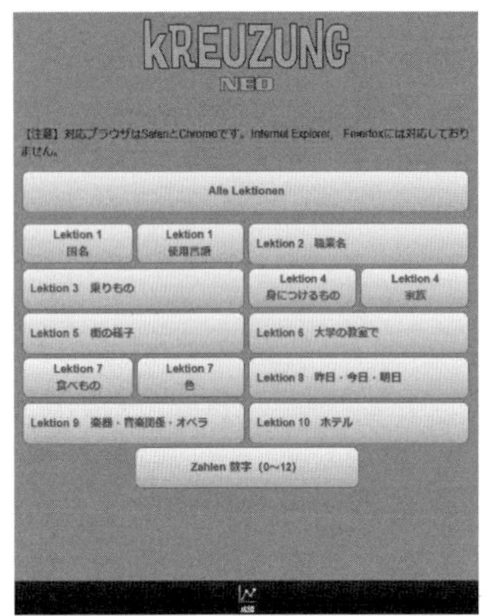

❶ トップページ

❷「聞き取り」と「書き取り」が選べます

「聞き取り」の例

Lektion 3 乗りもの 書き取り1

聞き取った単語を入力して下さい。

解答する

「書き取り」の例